高校图书馆
休闲功能开发研究

GAOXIAO TUSHUGUAN
XIUXIAN GONGNENG KAIFA YANJIU

陈 科 黄 欢／著

四川大学出版社

项目策划：罗　丹
责任编辑：罗　丹
责任校对：罗永平
封面设计：墨创文化
责任印制：王　炜

图书在版编目（CIP）数据

高校图书馆休闲功能开发研究 / 陈科，黄欢著. —成都：四川大学出版社，2019.8
ISBN 978-7-5690-2992-5

Ⅰ. ①高… Ⅱ. ①陈… ②黄… Ⅲ. ①院校图书馆－图书馆工作－研究 Ⅳ. ① G258.6

中国版本图书馆 CIP 数据核字 (2019) 第 162167 号

书　名	高校图书馆休闲功能开发研究
著　者	陈　科　黄　欢
出　版	四川大学出版社
地　址	成都市一环路南一段 24 号（610065）
发　行	四川大学出版社
书　号	ISBN 978-7-5690-2992-5
印前制作	四川胜翔数码印务设计有限公司
印　刷	郫县犀浦印刷厂
成品尺寸	148mm×210mm
印　张	3.25
字　数	88 千字
版　次	2019 年 8 月第 1 版
印　次	2019 年 8 月第 1 次印刷
定　价	18.00 元

版权所有 ◆ 侵权必究

◆ 读者邮购本书，请与本社发行科联系。
　电话：(028)85408408/(028)85401670/(028)86408023　邮政编码：610065
◆ 本社图书如有印装质量问题，请寄回出版社调换。
◆ 网址：http://press.scu.edu.cn

四川大学出版社
微信公众号

前　言

改革开放以来，我国的高等教育取得了前所未有的发展，作为高等学校三大支柱之一的图书馆也紧抓时代脉搏，得到了相应的提升。进入21世纪后，随着社会经济的飞跃性发展以及高等教育制度的改革，图书馆与之相配套的各项功能逐步完善。2002年，针对新时期的变化，教育部发布了《普通高等学校图书馆规程（修订）》，赋予了高校图书馆新的使命。2010年，国家中长期教育改革和发展规划纲要工作小组办公室发布了《国家中长期教育改革和发展规划纲要（2010—2020年）》。随着这一纲领性文件的深入实施，高校图书馆得到了跨越式发展，在充分发挥藏与用的基础功能、教育功能以及情报功能的基础上，休闲功能的重要性逐渐凸显，同时与其他功能逐步融合，成为高校图书馆不可或缺的功能之一。

为进一步厘清高校图书馆休闲功能的内在机理、发展脉络、开发现状以及优化策略，本书在分析高校图书馆休闲功能开发的社会经济背景、研究目的与意义的基础上，对国内相关研究文献进行了系统的梳理，同时在一定程度上关注了国外的研究进展。文献梳理结果表明，发达国家由于经济发展的原因，公民普遍具有强烈的休闲阅读意识，图书馆的休闲功能开发较为完善；国内图书馆界对图书馆开发休闲功能持肯定态度，认为图书馆的发展必须要跟上社会经济发展的趋势，不断拓宽发展思路，谋求发展新方向。但是面对日新月异的信息时代，已有的研究已不能完全反映高校图书馆休闲功能开发的面貌。

基于休闲需要理论与第三空间理论，本书对我国42所一流高校图书馆休闲功能的开发现状进行了调研，结果表明目前我国高校图书馆在休闲功能的开发方面投入了一定的人、财、物资源，并取得了一定的成绩，但仍然存在以下问题：缺乏以读者为中心开展休闲服务的工作理念，基础设施不能满足休闲阅读的需要，管理制度亟待完善，休闲阅读活动开展方式同质化严重，开放时间不合理，国内学者对高校休闲阅读的研究不够重视，图书馆对休闲类图书的认识存在误区，缺少提供休闲服务的专项经费。这些问题主要是由于历史原因、体制原因以及高校图书馆正处于功能变革转型期等造成的。为切实完善休闲功能，高校图书馆应以如下开发策略为抓手，在实现休闲功能开发的同时，推动图书馆事业全面发展：首先是物理空间的休闲开发，包括以实现休闲功能为导向的阅览室改造，设立观影听音的休闲活动场所，打造咖啡、茶等专题阅览室及活动空间；其次是虚拟空间的休闲开发，包括开展丰富多样的休闲类讲座活动，举办内容丰富的展览活动，开展线上线下竞赛活动，组织精彩纷呈的休闲体验活动，成立休闲阅读读者俱乐部等；最后是人文空间的休闲开发，包括树立图书馆具有休闲功能的意识，制定图书馆休闲功能开发政策，建立匹配休闲功能开发的馆员队伍等方面。

本书分为六章，其中1.3.2.2由黄欢撰写，其余部分由陈科撰写。

由于作者水平有限，本书难免存在疏漏和错误，恳请读者批评指正。

陈 科

2019年3月

目 录

第1章 概述 ………………………………………… (1)
　1.1 研究背景 …………………………………… (1)
　1.2 研究目的与意义 …………………………… (3)
　1.3 国内外研究现状 …………………………… (5)
　1.4 研究内容与方法 …………………………… (25)
　1.5 可能的创新点 ……………………………… (27)

第2章 概念界定与理论基础 …………………… (28)
　2.1 概念界定 …………………………………… (28)
　2.2 休闲需要理论 ……………………………… (30)
　2.3 第三空间理论 ……………………………… (33)

第3章 高校图书馆休闲功能实践现状 ………… (35)
　3.1 研究对象 …………………………………… (35)
　3.2 开馆时间分析 ……………………………… (36)
　3.3 休闲活动开展现状 ………………………… (40)

第4章 高校图书馆休闲功能开发存在的问题 … (65)
　4.1 缺乏以读者为中心开展休闲服务的工作理念 … (65)
　4.2 基础设施不能满足休闲阅读的需要 ……… (66)
　4.3 管理制度亟待完善 ………………………… (66)
　4.4 休闲阅读活动开展方式同质化严重 ……… (67)
　4.5 开放时间不合理 …………………………… (67)

- 4.6 国内学者对高校休闲阅读的研究不够重视 ……（68）
- 4.7 图书馆对休闲类图书的认识存在误区 …………（69）
- 4.8 缺少提供休闲服务的专项经费 …………………（69）

第5章 高校图书馆休闲功能开发滞后的成因……（71）
- 5.1 历史原因 …………………………………………（71）
- 5.2 体制原因 …………………………………………（72）
- 5.3 高校图书馆正处于功能变革转型期 ……………（72）

第6章 高校图书馆休闲功能开发的措施……………（74）
- 6.1 物理空间的休闲开发 ……………………………（74）
- 6.2 虚拟空间的休闲开发 ……………………………（79）
- 6.3 人文空间的休闲开发 ……………………………（83）

参考文献……………………………………………………（91）

第1章 概述

1.1 研究背景

1.1.1 新时代背景下高等学校图书馆功能的拓展

图书馆作为搜集、整理、储存图书资料以供人阅览、参考的机构，伴随着人类文明的出现而出现，发展而发展。20世纪末以来，得益于社会经济的发展，我国高校图书馆事业获得迅猛发展。教育部高等学校图书情报工作指导委员会相关统计资料显示，截至2015年，我国高校图书馆年度总经费的平均值为567.7万元，其中文献资源购置费的平均值为490.2万元，延续2008年以来的持续走高趋势，文献资源购置费中电子资源采购费的平均值为251.4万元，呈逐年增长趋势；馆舍建筑总面积为1681.7万平方米，馆均为2.41万平方米，且还有269所高校在建新馆；在编馆员总人数为28143人，馆均约为38人，其中拥有博士学位的在编馆员总人数为695人，拥有硕士学位的在编馆员总人数为7183人；各高校图书馆均已装备各种数字化、网络化设施，表明数字化设施全面普及，信息技术应用更加深入。

从以上数据可以看出，高校图书馆在21世纪初经历了良好的发展阶段，伴随着这一发展的是图书馆各项功能的健全与完善。1987年，时任国家教委副主任的彭珮云在全国高等学校图书馆工作会议上作了题为"适应时代要求，明确发展方向，加强高校图书馆的教育职能和情报职能"的报告，使得高校图书馆在原有的藏与用功能上，健全了教育职能和情报职能，并且这两项职能作为图书馆的核心职能一直延续至今。21世纪以来，作为学生重要的第二课堂与第三空间，图书馆通过改造自身建筑设施布局，提升馆员水平等措施，不断完善休闲功能。随着《国家中长期教育改革和发展规划纲要（2010—2020年）》的深入实施，高校图书馆得到了长足发展，休闲功能的重要性逐渐凸显，同时与其他功能逐步融合，成为高校图书馆不可或缺的功能之一。

1.1.2 大学生休闲方式的变化

自1999年高校扩招以来，我国大学生人数激增，据统计，截至2015年，我国在校大学生人数为2625.3万，是1999年（413.4万）的6倍多。作为高校三大支柱之一，图书馆是高校人才培养和为科学研究服务的学术性机构，是校园文化和社会文化建设的重要基地，已成为学生除教室外最重要的第二课堂之一。21世纪的大学生，在社会意识、价值观念、群体特征、心理状态和行为方式等方面都有着自身鲜明的特点，如果高校图书馆仍按照原有的布局，势必将自身孤立于学生之外。高校图书馆充分认识到枯燥的环境不利于学生学习，为促进新时期大学生充分利用图书馆资源进行学习，高校图书馆逐步改变了原有的布局，并根据大学生的特点完善了自身的休闲功能，为大学生使用图书馆资源提供愉悦、舒适的物质环境。同时，各高校图书馆也积极对馆员进行再教育和培训，改善现有人力资源结构，提升馆员的综合能力，为大学生使用图书馆资源提供良好的人文环境。

1.2 研究目的与意义

1.2.1 研究目的

1.2.1.1 为高校图书馆的发展提供新思路

图书馆的基本功能包括收集、整理和提供服务，社会功能包括保存人类文化遗产、开展社会教育、传递科学情报和开发智力资源。因此，国内学者对图书馆功能的研究主要集中在以上几个方面。近年来，随着社会生产力的发展，国民的休闲意识逐步提升，图书馆也应适应这一趋势，加大对休闲功能的开发力度。本书拟从这方面入手，通过对我国"世界一流大学"建设高校图书馆休闲功能开发现状的研究，找出其中的不足，有针对性地提出休闲功能开发策略，为高校图书馆的发展提供新思路。

1.2.1.2 提升休闲功能在高校图书馆中的地位

随着社会经济的发展、大学教育的变革，休闲功能已成为图书馆的重要功能之一，而实际上，休闲功能在图书馆各项功能中处于较为边缘的地位，高校图书馆对这一功能的重视程度不够，缺乏切实有效的开发措施。希望通过本书，一方面引起高校领导的重视，加大对图书馆休闲功能开发方面的支持和投入；另一方面通过对图书馆休闲功能的开发，促进大学生身心健康、全面发展。

1.2.2 研究意义

1.2.2.1 拓宽了图书馆功能研究的思路

目前国内学者对于高校图书馆的收藏功能、储存功能、教育功能、信息功能等进行了大量的研究，而对休闲功能的研究较少，图书馆界对此功能的重视也不足。本书拟通过大量文献研究以及实地走访调研，采用理论+实证研究的方式，对图书馆休闲功能的内涵、现状及发展趋势进行研究，初步构建一套适合休闲功能开发的策略，推动图书馆事业的多方位发展。

1.2.2.2 完善了图书馆休闲功能的实证研究体系

国内学者鲜有对图书馆休闲功能的专题实证研究，大多是在研究图书馆功能时提及，并未进行深入的论证，且更多是停留在理论或定性研究上，实证研究的文献较少。本书以我国"世界一流大学"建设高校图书馆为具体研究对象，对其休闲功能的现状、不足、未来的趋势等进行研究，在一定程度上完善了图书馆休闲功能的实证研究体系。

1.2.2.3 丰富了图书馆休闲功能的理论研究体系

我国学者对于高校图书馆休闲功能的研究主要停留在理论或定性研究上，研究内容集中在内涵、现状及问题、发展趋势等方面。总体来讲，目前对图书馆休闲功能的研究范围较窄，国内学者对其关注度不高。本书以休闲功能为专题研究对象，对休闲功能的内涵、现状及问题、发展趋势等进行深入研究，丰富了现有理论研究体系。

1.2.2.4 有利于促进图书馆持续健康地发展

随着社会经济的发展、大学教育的变革，休闲功能已成为图书馆的重要功能之一，且这一功能呈现出逐步加强的趋势。因此，非常有必要对图书馆的休闲功能进行深入、系统的研究，这将有利于促进图书馆持续健康地发展。

1.3 国内外研究现状

1.3.1 国外研究现状

国外政府机构与学者对图书馆休闲功能的研究起步较早。1947年,美国图书馆协会对美国各图书馆进行了一次用户需求调研。调研结果表明,大部分进入图书馆的读者并不是为了学习知识,而是为了放松心情,打发自己的闲暇时间。这促使美国图书馆界开始重新审视图书馆的功能,认为休闲才是塑造图书馆文化交流的重要内容,并努力把此认识付诸实践。1997年,英国文化、传媒和体育部出版了《新图书馆:人民的网络:政府的回应》一书。该书认为,未来图书馆将为用户提供大量的休闲服务,这将成为常态。以哈佛大学图书馆为例,为了使休闲阅读活动取得更好的效果,哈佛大学专门配备了图书馆休闲阅读研究人员,为大学生提供一对一的专业咨询服务;为了提高大学生的休闲阅读效率和阅读质量,研究人员还会针对读者的阅读方法和兴趣爱好进行反复商讨。

在政府机构、图书馆等大力推动图书馆休闲功能开发的基础上,学者们对如何开展休闲活动进行了一系列的探讨。如Pennington(2012)的研究表明,第三空间是图书馆提供休闲阅读的重要载体,而在图书馆创造第三空间的概念正在图书馆界兴起。因此,图书馆应该大力发展第三空间,用有趣的环境吸引并留住读者。此外,在图书馆的第三空间里,读者和图书馆馆员的交流意愿更强烈,更容易促进读者水平的提升。

1.3.2 国内研究现状

1.3.2.1 图书馆功能研究

我国历史上并不存在"图书馆"一词,图书馆是在 1894 年由日本传入我国的。虽然我国没有"图书馆"一词,但自西周时期我国即存在"府",至以后的"藏书楼""书院"等图书馆性质的机构。随着历史的变迁,社会、经济的发展,图书馆的功能逐步完善,从初始的收集、储存,供皇室和贵族使用,逐步发展出保存人类文化遗产、开展社会教育、传递科学情报、开发智力资源等功能。

(1) 图书馆教育功能的研究。

图书馆是尤为重要的教育阵地。1987 年,时任国家教委副主任的彭珮云在全国高等学校图书馆工作会议上作了题为"适应时代要求,明确发展方向,加强高校图书馆的教育职能和情报职能"的报告,使得国内学者对图书馆教育功能的研究迅速升温。

于鸣镝(1992)、何善祥(1993)等较早进行了相关研究,他们认为教育职能是图书馆的核心职能,并将图书馆的教育职能概括为三个方面,指出图书馆是课堂教学的延伸和补充,其文化氛围能使学生受到良好的人文熏陶。习万球(2003)对于图书馆的人文教育功能进行了研究,认为人文教育就是培养人文精神的教育,图书馆可以通过以下措施加强人文教育功能:自主学习,打造合理的知识结构;研读经典,塑造完美人格;开设人文教育课或人文讲座,提高人文素质,升华思想;读者至上的人性化管理;网络环境下的人文教育功能。陈暾(2004)对高校图书馆的审美教育功能进行了研究,认为审美教育过程虽然缓慢潜隐,效果却持久深远,加强高校的审美教育既是大学生个体发展的需要,也是社会发展和人类自身发展的需要。图书馆作为知识与美联结的焦点、大学生的第二课堂,应利用自身的条件和优势,在审美教育中发挥重要作用。乔红岩（2009）认为网络环境下的图书馆文化具有物质文化的现实性与虚拟性、网络文化的开放性与互动性、个性化与共享性等特征，在这一环境下，图书馆必须要开展信息素质教育，加强图书馆网络化和信息化建设，构建远程教育平台，才能完善其教育功能。时冬梅（2010）对图书馆的隐性教育功能进行了探讨，认为人文环境、装饰布局、色彩搭配及制度规范等都蕴含着丰富的隐性教育功能，是在图书馆提供的学习环境中，由非正式的教学渠道，以无意识的、潜移默化的方式，对学生的认识、价值观、行为规范、情感态度等发生影响的全部信息的总和。翟宁（2015）对数字时代发挥图书馆阅读教育功能的策略进行了研究，认为高校应该充分关注学生的阅读现状，充分发挥图书馆在学生阅读中的作用，包括加强高校图书馆在校园文化阅读活动中的作用；把高校图书馆变成高素质创新型人才的基地；加强高校学生阅读观和阅读理论的建设，推荐书目，组织阅读资源，培养大学生的创新能力；发挥学生组织的作用，促进校园文化建设。

（2）图书馆德育功能的研究。

德育功能是图书馆教育功能的核心组成部分之一，这方面的研究一直是国内学者关注的重点之一。周文军（2005）提出高校图书馆要更好地发挥德育的作用，必须在以下几个方面努力：图书馆馆员应加强自身的思想建设和道德修养，提高辨别香花和毒草、精华和糟粕的能力；图书馆馆员必须时时处处以身作则；对同学要有一颗爱心，要相互尊重，相互理解；从书刊的采购到流通要层层把关；给学生提供一个优美、和谐、舒适的阅览环境。李颖（2007）认为德育是高校素质教育体系中不可缺少的有机组成部分，它是高校实现培养"四有"新人教育目标的重要保证，每一所大学都把德育教育放在相当重要的位置。图书馆是大学生课堂教育的延伸，其教育形式更为灵活。它对大学生的德育教育工作是通过服务育人、管理育人、环境育人、内容育人等途径来实现的。高校图书馆人应充分认识其在大学生德育教育中所能发挥的重要作用，增强责任感、紧迫感和使命感，不断提升、完善自身。随着高校德育教育方式的多样化和结构的多层次化，图书馆必将越来越显示出其特有的优势，学校有关部门应予以支持和帮助，全面提高德育教育的实力。谈红玲（2007）在网络背景下分析了图书馆的德育功能，认为高校图书馆是大学生德育教育的重要阵地，图书馆的教育功能可以指导大学生读好书，图书馆的示范功能可以激励大学生成长成才，图书馆的精品功能可以增强大学生的文明素养，图书馆的前沿功能可以提高大学生的创新能力。张凌云等（2013）认为信息素养是世纪创新时代人们所应该具有的一个基本素养，通过对图书馆教育功能内涵的研究，他认为，在这一时代背景下，图书馆呈现出储存功能向教育功能的转变趋势。王溢（2013）通过分析图书馆作为高校德育工作的重要载体在高校德育体系中的作用及优势，认为高校图书馆既是文献信息机构，也是社会主义精神文明建设的重要基地，对学生的德育培养有着潜移默化的重要作用。

（3）新技术对图书馆功能的推动研究。

方正松（2001）认为在信息技术迅猛发展的条件下，大学图书馆的信息服务在21世纪将发生较大的变化，并产生新的功能，包括网上服务功能、数字馆藏功能、文献信息中心功能、辅助远程教育功能。张红利（2013）认为3G网络的发展也给传统图书馆带来了机遇与挑战，抓住机遇迎难而上，开发更具实用性、更便捷的移动图书馆功能是提升现代人民生活品质的基础，但是由于经济及技术条件的限制，移动图书馆的发展还有一段较长的路要走。然而随着各大图书馆的强强合作以及我国工信部的大力推进，人们随时随地阅览图书馆资源的可能性必将迅速实现。王中海（2015）研究了MOOC对图书馆功能重构带来的挑战，包括课程资源的整合与推广、教学和学习参考资源的揭示与提供、信息素养教育的新要求、学习空间的提供与支持等。他认为，面对MOOC的挑战，图书馆应提高认识，积极参与，确立合适的战略发展方向，构建适应现代教学和学习模式的图书馆信息资源整合与共享体系，主动实现从信息服务到知识服务的转变。宁璐（2016）介绍了RFID技术在高校图书馆应用中的功能主要体现在图书自助借还、图书自动分拣、图书自动盘点、图书安全防盗等方面，新技术带动了图书馆的变革与功能拓展。

（4）图书馆功能的演变研究。

娄策群等（1997）认为经济功能是图书馆固有的社会功能之一。图书馆具有转变经济观念、改善经济资源、优化经济管理、增加经济收入等功能。图书馆通过提供文献信息、开展用户培训、参与经济活动、发展信息产业而发挥经济效用，图书馆的经济功能随着社会经济的发展而扩展与强化。沈国弟（2003）认为参考咨询工作是复合图书馆拓展服务功能的一个亮点，是在传统参考咨询服务的基础上，结合现代计算机技术、数字化技术、网络通信技术及现代检索技术展开的，使图书馆的参考咨询服务在深度和广度上得以提升，使图书馆的服务功能得到拓展，使图书馆的参考咨询服务在新的形势下得到加强，使图书馆获得了可持续发展的动力和活力。黄力（2007）认为图书馆的演变存在服务形式向特色化转变，服务能力向社会化方向转变的趋势，图书馆应该建立市场化资源互动机制和规范化管理体制来实现功能转型。刘春丽（2009）认为图书馆功能的发展演变是学习型社会的建设对图书馆工作的新要求，为达到这一要求，图书馆必须做出相应的变化，包括图书馆工作人员服务理念的转变，服务方式的转变，图书馆设施的不断完善等，来更新拓展自身功能。黄宗忠（2011）认为随着社会进入信息时代，快速传递信息成为时代的特征，图书馆要广泛采用网络传播、网络咨询、网络存储等方式使自身功能更加全面。如何发挥图书馆的信息功能、教育功能、娱乐功能、公益功能，他认为应该注重以下方面：实现图书馆的全面开放；免费服务；增加图书馆经费，特别是公共图书馆经费；加强信息资源建设；加速图书馆现代化建设；创造一个读者利用图书馆的优良环境，不断更新设备；加强农家书屋建设；实现图书资源共享；提高图书馆管理水平，加强图书馆法制建设。

1.3.2.2 图书馆休闲功能开发研究

20世纪90年代初，国际旅游产业收入已超过石油产业、汽车产业、机电产业等产业的收入，旅游产业成为世界经济中持续高速稳定增长的重要战略性、支柱性、综合性的第一大产业。虽然我国旅游产业的发展相对世界旅游产业起步较晚，但是随着我国社会经济的迅猛发展，人民群众的需求层次逐步变化，对旅游的需求程度逐步加强，人们的休闲意识亦逐步加强，部分学者意识到图书馆与旅游休闲相结合将成为未来图书馆的发展趋势之一。何广荣等（1987）较早注意到了这一点，他们认为在这一背景下，建立旅游专业文献信息中心刻不容缓，并且认为这一中心可以建立在旅游业发展前景广阔的桂林，与桂林图书馆合并设置，通过发挥图书馆的文献中心作用，推动当地乃至全国旅游休闲产业的发展。高爵一（1990）介绍了香港学联旅游有限公司建立香港首家旅游图书馆的信息，其备有世界各地旅游杂志、书籍、地图和交通图等，供人免费查阅。该馆建立的目的在于方便自费旅游者，馆内设有旅游咨询顾问，向旅游者提供如何外出旅游和选择旅游团等方面的知识。随后，国内学者对图书馆与旅游休闲结合发展进行了多方面的研究。

(1) 图书馆休闲功能开发的可行性及必要性研究。

黄恩祝、吴德英（1996）是较早研究图书馆休闲功能的学者。他们指出，"休闲"原为农业经济的一个专用词，意指农田休养地力的措施，后来被引进社会生活领域，并成为一个流行度极高的新词。作为服务于广大人民群众的公共图书馆，应把握住这股潮流并且积极主动地投入进去，以新的观念、新的构架和新的内容为读者提供休闲服务。王世伟（1995）对世界和中国旅游产业的飞速发展进行了论述，提出作为文化和信息机构的图书馆应把握住这一历史机遇，开发图书馆的旅游资源，充分发挥旅游休闲功能。他对旅游六大元素中的游、购、娱与图书馆的联系分别进行了阐释，认为在发挥图书馆教育、学术、信息储存、信息传递等功能的同时，积极开拓其旅游功能是一种有益尝试，能够有效为图书馆事业的发展创造一个良好的外部环境。徐莉（2003）认为图书馆开发旅游资源有着必然性和可行性，她对图书馆和旅游六大元素的内在联系进行了论证，提出图书馆应把握这一机遇，开发图书馆的文化功能和旅游资源，充分发掘图书馆的旅游市场，真正做到文化与旅游搭台唱戏。詹秋红（1999）认为中华人民共和国成立以来，公共图书馆的形象和功能不断得到改进和完善，休闲功能是其重要组成部分，而公共图书馆最基本的任务就是为普通大众服务。图书馆工作者必须清醒地认识到公共图书馆的平民性质，应从建设高质量的图书馆硬件休闲环境，设置休闲阅览室，开展连锁阅览俱乐部等方面完善休闲功能，充分实现图书馆的休闲功能。

李瑞仙（2013）通过对国外图书馆的休闲功能开发研究发现，发达国家的公民普遍具有强烈的图书馆休闲阅读意识。我国的图书馆还处于社会形象的转型期，即便是在图书馆事业相对发达的地区，也还在摸索着进行休闲阅读普及的尝试。我国图书馆学界对于基层图书馆休闲阅读功能的研究关注较少，目前仍然处于理论的探索阶段，实际应用的深度还有待开发。基层图书馆应该抓住此时机引导公众的休闲阅读，启发他们的阅读情趣，让越来越多的人意识到阅读对情操培养、性情铸造的重要性，使图书馆从"以书为本"转变为"以人为本"，成为公众生活中不可或缺的公共服务场所。余训培、汪恒（2006）对图书馆提供休闲服务的可能性、障碍进行了探讨。他们认为人们收入的提高和闲暇时间的增加促进了大众寻找文化休闲的动机，图书馆有条件去适应和引领"休闲"潮流，同时，提供休闲服务也可以帮助图书馆摆脱在计划经济体制下形成的漠视读者的惯态。但是图书馆提供休闲服务存在一定的障碍，首先是我国传统社会的制度使得图书馆较为排斥休闲功能，其次是计划经济时代延续下来的制度对图书馆人员转变思想、提供休闲服务造成很大的阻碍，最后是我国图书馆对休闲功能的轻视与现行的图书馆评估体系也有着重要联系。

（2）图书馆开发休闲功能的必然性研究。

唐峰陵、黄付艳（2010）认为图书馆本身就是文化旅游资源，其提供旅游休闲服务已是大势所趋，同时，旅游休闲功能是文化休闲功能的拓展。图书馆休闲功能的开发要体现以人为本的服务理念，要有地方特色，必须加强基础设施建设，如增设音乐厅、咖啡厅、会议厅、展览厅、多功能学术活动厅、声像视听室、教育培训中心、餐厅、休息室、停车场所等，要举办形式多样的休闲活动，增加旅游休闲的可参与性等。池媛（2010）认为图书馆在不同历史阶段有不同的主导职能，在休闲活动成为人们重要生活方式的情况下，图书馆需要重视休闲服务功能的开展，这也是图书馆应对边缘化的有力措施之一。不同的图书馆可以根据自身的实际情况，开展相关的休闲服务活动，促进图书馆的良好发展。具体而言，可以从以下方面拓展休闲职能：加强资源建设，重视讲座活动，开展展览活动，举办技艺性培训活动，开展亲子活动，成立读者俱乐部。同样，宋萍（2006）也认为公共图书馆的职能和功用应随着社会需求的变化而改变，文化休闲功能是公共图书馆服务功能的拓展。应抓住休闲开发这一契机，转变观念，因势利导，采取形式多样的服务方式，积极为广大读者提供文化休闲服务。通过高质量的特色服务，满足社会需求，吸引广大读者到图书馆来享受文化休闲，并努力将公共图书馆打造成大众喜欢的文化休闲场所，促进公共图书馆的良性发展。

黄红卫（2008）认为我国已具备了发展文化休闲应具备的时间、空间和金钱三个要素，文化休闲正逐步成为我国经济发展新的增长点。在文化休闲中，图书馆应定位于公共性文化休闲服务的供给，是为休闲型阅读提供公益性服务的重要场所。图书馆应树立为文化休闲提供优质服务的思想，在实际工作中，要把为休闲型阅读提供优质服务作为重要的工作内容，并将这种思想体现在图书馆工作的各个方面，为休闲型阅读提供其所需的空间，对图书馆现有的管理制度进行必要的修订，为休闲型阅读配置相应设施。图书馆应对文化休闲进行必要的引导，图书馆学理论界应加强对文化休闲特别是休闲型阅读的研究。部分公共图书馆已经充分意识到开发休闲功能的重要性，在建立新馆时已考虑到如何开发休闲功能，并进行了相应的规划与设计。陈立（2008）对南京图书馆新馆会展工作进行了综述，详细介绍了南京图书馆新馆近年来大力推行的"文化惠民"工程，包括举办专题讲座、展览、公益演出等活动，逐渐形成了品牌。谭楚子（2008）在后现代哲学思潮的背景下对图书馆的休闲功能进行了研究，他认为在这一背景下，在充当休闲文化公共空间角色方面，图书馆首先从公共图书馆开始，正经历着一场全方位的悄无声息的嬗变，其功能正从履行了近百年的传统功能向后现代语境下的当代功能过渡。在城市游憩与休闲文化空间相对匮乏的后现代语境中的当下时空，相当部分的城市公民最终必将远离无处不在的数字化网络和高度发达的电视传播媒介，重新复归图书馆。图书馆也将适应上述文化发展与文化消费需要，继续运作并强化其原有功能，并进一步发挥充当城市公民文化休闲公共空间主要角色的功能。

(3) 图书馆休闲功能开发策略研究。

刘文慧（2004）认为图书馆应顺应新时代要求，满足广大读者的阅读需求，搭建公众休闲文化的良好平台。图书馆应积极开拓思路，全方位地让读者真正体会到休闲所带来的文化价值。一方面，要为读者构建一个舒适、清洁、静雅的阅读环境；另一方面，要开展多样化服务、分析读者的阅读动态、组织丰富多彩的活动等，使其切实成为公众休闲文化的良好平台。李玉梅（2007）从休闲文化特征和功能出发，探讨了公共图书馆如何发挥休闲文化功能。她在论述休闲文化的内涵、特征和功能的基础上，认为图书馆应从以下方面发挥休闲功能：以图书馆公益性服务为主、构建"以人为本"的公共图书馆服务理念，构建多元化的公共服务体系，设置多样化功能的休闲场所，开展各种形式的休闲活动等。同时，她提出休闲文化是社会文明进步的结果，公共图书馆作为人类物质文明与精神文明的产物，理应充分发挥出其所包含的休闲文化功能，为社会的发展作出应有的贡献。

段圣奎、张丽（2012）在体验经济的视角下对图书馆文化休闲旅游开发进行了研究，认为图书馆旅游是一种探索性的、以图书馆资源要素为载体的新兴旅游项目，是图书馆功能的延伸和旅游业的扩展。他们将图书馆旅游划分为知识教育、消遣娱乐、逃逸放松、审美猎奇四种类型，四种体验类型都从互动参与的视角上赋予了图书馆旅游产品特殊的价值内涵。要全方位进行，必须凸显参与性，设计多元化休闲活动；挖掘内涵，多角度展示地方文化；注重氛围营造，加强场馆环境建设；转变思想观念，提升休闲服务水平；重视产业延伸，开发特色旅游商品；发挥资源优势，推出主题旅游产品。李颖（2015）在对上海市图书馆大众休闲类电子书近年来借阅数据分析的基础上，对到馆读者进行了问卷调查，结果表明影响公共图书馆大众休闲类图书数字阅读服务推广效果的首要因素是阅读内容是否符合读者的兴趣。在内容满足的前提下，服务效果与其是否免费、操作是否方便以及用户使用数字阅读的经验呈正相关。对此，她提出应以发展移动化阅读为主要导向，逐步更新从内容资源、服务平台、推广渠道等多方面的移动化转换。同时，不断完善数字阅读服务的可操作性，降低读者特别是使用经验低、年龄较大读者的学习成本。林丽红（2016）认为作为拥有丰富文化资源的图书馆，应积极将人的文化休闲需求纳入自身视线，利用优质资源吸引并服务好读者，倡导新形势下适宜大众的积极生活方式，提升休闲质量。图书馆应该通过休闲阅读环境的营造、硬件设施的进一步建设、各类培训活动的开展、亲子活动的开展、读者俱乐部的建立、休闲阅读必须覆盖弱势群体等措施深化休闲功能的开发。

陈仰珊、张惠梅（2002）注意到休闲正逐步成为人们生活的重要组成部分之一，而利用休闲时间到图书馆阅读，将是新时代社会生活的重要走向之一。因此，为主动应对休闲对图书馆的时代需求，图书馆必须及时调整现有的服务策略，更充分地展示与发挥自己的社会职能。首先是服务理念的调整，其次是服务时间的调整，最后是资源整合与服务内容的调整，包括组织专业培训，开设讲座，举办展览会、音乐会等，在休闲活动中提高人们的文化内涵。鼓励俱乐部、读者协会等自发组织，提高人们的社会参与意识与社会交往能力等。黄冠男（2016）通过调查不同类型图书馆休闲功能的开展状况，研究相关政策、规范性文件中对休闲功能的倡导，总结我国图书馆用户休闲的潜在需求，提出了倡导图书馆的休闲理念，完善休闲环境设计，加强休闲活动的服务创意，利用信息技术开发新的休闲服务，根据不同类型用户的特点开展差异化的休闲服务，以及与相关机构合作面向特定群体开展休闲延伸服务的举措。

（4）图书馆开展旅游休闲教育的研究。

李玉华、刘凤存（2012）认为图书馆开展休闲教育有利于终身教育的开展，有利于智力资源的开发，有利于身心健康，既可以丰富休闲的内涵和外延，促进精神文明建设，又可以赋予人们崭新的休闲理念，从而真正让休闲成为人们的生活方式之一。具体而言，就是要确立正确的指导思想，构建和谐协调的物质环境，营造舒适浓厚的人文氛围，开展丰富多彩的休闲活动。董光浩、董光荣（2004）将休闲分为积极休闲和消极休闲，有益休闲和有害休闲，有效休闲和无效休闲，必要休闲和自由休闲，主动休闲和被动休闲，绝对休闲和相对休闲，真实休闲和虚假休闲，经济性休闲和消费性休闲等类别。图书馆阅读休闲既是积极的、有益的、有效的、自由的，又是主动的、相对的、真实的、经济性的。他们提出构建图书馆休闲学这一新兴学科，以研究图书馆休闲职能的性质、历史、现状和发展规律等。

刘懿（2008）认为图书馆在休闲教育中是不可或缺的。图书馆休闲教育指对人们休闲生活的理念和方法进行引导，使之成为"成为人"的过程，其休闲教育的目的是引导人们如何去科学安排休闲生活，体验生命，实现人的自由全面发展，领悟生命的真正意义。图书馆应构建完善的休闲教育体系，首先要确立休闲教育目标，这就需要树立"以人为本"的理念、多元化思想以及可持续发展观；其次是培养大众休闲价值行为判断，引导公众健康、科学、文明休闲；再次是培育大众休闲信息素养，倡导"读书休闲化生活方式"，提升公众休闲教养；最后还应该提供针对弱势群体的休闲教育。史丽芳、毛勇（2007）认为图书馆不应仅仅是一个文化教育的机构和场所，其在文化旅游发展中的作用与意义越来越突出，还应充分利用图书馆的文化特性，开发图书馆的文化旅游功能，推进文化旅游活动向纵深发展。具体而言，可以采取多项措施开发图书馆旅游资源，如注重对知名图书馆的旅游开发，充分利用图书馆的文化旅游环境和背景要素功能，积极开发设计图书馆专项文化旅游，在重要的风景名胜地设立旅游专业性图书馆或著名图书馆的分馆,充分利用客源集中地图书馆的信息传播功能为文化旅游服务等。

石晓琴(1997)认为公共图书馆肩负着合理配置社会休闲资源,实现大众健康休闲的社会责任。她认为目前的大众休闲基本是娱乐消遣性的,人们进行这一类休闲并不会得到精神方面的提升,而公共图书馆在引导人们进行健康休闲方面具有得天独厚的优势:其一,图书馆的读者拥有主动权,而大众传媒的主动权则在传播者;其二,图书馆在提高大众素质方面,既永远处于社会发展的前沿,又能为几乎每个读者提供符合其具体需要的服务。因此,图书馆应利用自身优势,积极完善休闲功能,引导大众健康休闲。梁柏静(2005)认为开展休闲和休闲教育顺应时代的发展,休闲读书已成为人们日常生活的一部分,直接或间接地影响着人们的思想观念、价值取向、审美情趣、消费时尚乃至言行举止。图书馆是实施休闲教育的良好平台,可以开展寓教于乐的休闲教育方法,使人们在轻松的环境中增长知识,陶冶情操。同时,图书馆终身教育职能支持休闲教育的连续性和完整性,图书馆文化对休闲教育具有导向功能,可以让读者从轻松的休闲中求知受益,在潜移默化中起到社会教育的目的。在此基础上,梁柏静(2006)对图书馆面向弱势群体的休闲教育功能进行了深入研究,认为图书馆开展面向弱势群体的休闲教育是在夯实和谐社会的基石,因弱势群体闲暇时间的支配性在缺少休闲教育的情形下是被动和消极的,所以图书馆可以发挥出以下五个方面的作用:为弱势群体提供科学的休闲观,强化弱势群体正确的休闲伦理,倡导文明的休闲活动,帮助弱势群体克服心理障碍,提高弱势群体的生存能力,为构建和谐社会贡献力量。

(5)图书馆建设旅游休闲资源馆藏以及数字化的研究。

曾永忠(2016)的研究认为,社区图书馆应着重于运动休闲类图书资源的建设,以适应人们不断增强的健身意识和对运动休闲知识的信息需求，从而提高社区图书馆的使用率。他提出社区图书馆应通过开设运动休闲图书专栏，包括运动休闲类藏书建设、电子资源的建设等，开展社区运动休闲相关的活动、社区图书馆运动休闲信息服务与社区体育联动、图书信息管理志愿服务等工作推进社区图书馆运动休闲信息服务。郑红京（2015）对图书馆旅游资源数字化建设进行了专题研究，认为旅游资源数字化方式主要包括全文方式、图像方式、文件方式、超媒体方式、数据库方式、主题树方式等六类。旅游资源数字化建设是一个系统工程，图书馆必须协同旅游管理部门、旅游行业部门和新闻宣传部门，建立并共享资源信息库，通过对地方文献中优质旅游资源的数字化建设，有序、有效地整合旅游资源，方便用户利用旅游信息资源，充分发挥旅游资源数字化的作用。区域文化发展背景下的图书馆旅游信息资源建设，要考虑市场和社会需求，所建数据库的定位为体现专业特色和拥有独特价值，搭建联盟互动的平台，并建立合理的组织结构，构建和谐的人文环境。

尹美菊（2008）对旅游地区图书馆特色馆藏数字化问题进行了研究，认为图书馆将具有浓郁地区特色的旅游资料建成适合用户需要的特色数据库，可方便旅游企事业工作人员和旅游研究者的使用，有利于丰富文献资源数据库，有利于区域旅游经济的发展，有利于旅游科研水平的提升，有利于旅游信息资源的共享。此后，尹美菊（2009）进行了更加深入的研究，对我国学者关于旅游地区图书馆特色馆藏建设的研究进行了综述，包括旅游特色馆藏的价值与作用研究，旅游特色馆藏的分类、特点及收藏范围研究，旅游特色馆藏的开发与利用研究，旅游特色馆藏的数字化研究等。在此基础上，她提出还需要在以下三个方面开展进一步研究：第一，旅游特色馆藏建设与旅游管理学科的互动关系及其实现形式的研究有待进一步拓展；第二，旅游特色馆藏建设与旅游产业的互动关系及其实现形式尚未涉及，值得我们关注并深化研究；第三，旅游特色馆藏的收集范围及其分类的研究很不令人满意，有待于我们的研究同仁继续努力。

(6) 将图书馆作为"第三空间"的研究。

美国心理学家雷·奥登博格在其著作《了不起的好地方》中提出："人要使自己的生活过得有意义，就需要有三个去处，第一个去处当然是家，第二个去处是工作的地方，而第三个去处则是社会各阶层和各行业的人能够在一起相互交流、分享大家共同感兴趣的事情的地方。"图书馆正是符合第三个去处的要求的场所，我们称之为"第三空间"。在这里，人们疏离了个体间的等级意识、权力意识，摒弃了家庭、社会中各种角色的束缚和定位，其人际间基于自由和平等的关系，并借以挖掘出真正的自我潜能，享受"成为人"的惬意。

刘懿（2012）认为发挥图书馆作为"第三空间"的休闲价值既是公众文化权利、文化需求使然，也是图书馆可持续发展、承担社会责任的必然。首先从公民文化权利的层面看，图书馆是一个开放型的、公开的、由公众参与和认同的公共空间，在这种空间形成的秩序，既是对享有公共空间的每个人的尊重，也是对每个人承担社会责任的制约。图书馆因其独特的文化资源优势而成为满足大众文化休闲需求的重要场所。在全球化、城市化、多元化、信息化的今天，不同的文化形态和文化方式所呈现的多元化与多样性，不仅是大众的需求、社会的需求，也是文化和经济的需求。李诗琪（2016）认为可以围绕六个方面来打造"第三空间"：空间设计人性化；营造舒适的休闲空间，科学规划图书馆空间；兼顾不同读者的需求，丰富馆藏；做好图书馆资源建设，举办文化活动；构建图书馆"第三空间"文化交流平台，规章制度人性化；服务体现人文关怀。通过对合肥地区大中型公共图书馆的调查研究，发现其建设"第三空间"时仍然存在一定的问题，应从以下几方面进一步完善：提高宣传水平与宣传力度，加大公共图书馆影响力；开设休闲阅读区，合理布局，减少空间之间的相互影响；馆内配备餐饮区，提供餐饮；社交空间。贾佳（2013）对图书馆作为"第三空间"的社会价值进行了研究，认为图书馆具有促进用户沟通和交流的价值，满足用户休闲娱乐需求的价值，促进社会融合的价值，弘扬区域文化的价值，提升公众文化品位的价值，满足公民终身教育需求的价值等，这些价值与其他"第三空间"也是不同的。他认为目前图书馆学界对图书馆作为"第三空间"的研究并不是很多，但这是非常有意义的研究课题，值得图书馆理论界进一步探索。

（7）图书馆提供旅游信息服务的研究。

图书馆拥有独一无二的信息集中优势，国内学者认为图书馆应发挥这一优势，与旅游休闲产业相结合，互相促进，共同发展。黄卫东（2001）认为旅游产业的发展离不开旅游信息的支持与保障。图书馆具有资源优势和技术优势，因此应通过广泛进行市场调研，确定用户需求；寻找信息源，进行相关信息收集；按主题整理，建立二次文献和数据库；采用多种技术手段传播旅游信息等措施，开发旅游信息资源。开发的同时，要注重自然资源信息和人文资源信息的结合，注重信息的主题性与综合性的结合，注重信息制作的大众化与专业化的结合，注重信息的经济效益与社会效益的结合。黄坚（2002）指出，虽然旅游业现已成为国家经济发展的支柱产业之一，但是关于旅游学的信息资源还不完善。图书馆在旅游信息建设方面具有独到的优势，图书馆丰富的馆藏资源使它能科学地、系统地、全面地提供相关旅游信息。在理论研究的基础上，他尝试建设西藏旅游特色库，进行了有益的探索。孟娅萍等（2008）的研究表明，图书馆通过开展旅游信息服务，能够推进地方文化旅游与综合经济的和谐发展。他们详细阐释了山西省晋中市榆次区图书馆开展晋商文化旅游信息服务的具体举措，包括开展形式多样的宣传活动，如建立图书馆服务网进行宣传，通过图书馆服务宣传周进行宣传，利用"读书日"进行宣传，利用各类文化节庆活动和旅游黄金周进行宣传，针对图书馆广大的阅读群体进行宣传等；提供各类信息服务，如为旅游部门提供信息服务，为读者和旅游爱好者提供信息等。同时，图书馆提供旅游信息服务，还需要提高图书馆馆员的服务能力，提高旅游者的文化品位，提高旅游者的人文精神。榆次区图书馆多年来坚持晋商文化旅游信息服务工作，其社会价值得到了充分的体现，取得了较好的社会效益。

黄雁湘（2009）认为开发利用旅游信息资源为旅游业服务，是地方公共图书馆的一项特色服务，既可以促进信息资源的增值，又可以推动地方旅游文化事业的发展，是一件围绕经济发展大局、建设文化大省、促进图书馆可持续发展的大事好事。图书馆应从以下方面出发，切实挖掘旅游信息资源，挖掘地方文献，发挥旅游信息中心作用：利用大众媒介，开辟专栏专页，加强本土文化宣传；构建地方文献数据库，深度开发本土旅游信息资源；与旅游局合作，培训专业导游，提高导游水平；与教育部门联手，加强本土文化教育。杨小凤（2012）对62所公共图书馆和187所高等院校图书馆网站进行调研发现，有37所公共图书馆和4所高校图书馆建设了地方旅游文献信息资源，并开展了相关信息服务工作，说明图书馆特别是地方公共图书馆比较重视地方旅游文献信息资源的整理开发工作。各图书馆的旅游文献资源内容丰富且具地方特色，但资源建设标准不一，与用户之间的互动不足，栏目细节设计也存在一定问题。基于调查分析，她提出通过建设地方旅游文献信息资源门户网站，整合图书馆自建的地方旅游文献信息资源，将地方旅游文献信息资源嵌入用户使用环境等措施开发地方旅游文献信息资源。

（8）部分图书馆休闲功能开发的实践研究。

杨勤（1994）认为当代旅游是一个大旅游、大文化的概念，是集文化、经济、旅游于一体的"三元旅游",而图书馆正是集大文化资源于一体的地方。他所在的上海南市区图书馆成立了旅游文化博览部,主要职责为了解不同层次旅游者的文化需求,广泛地收集旅游文化资源和资料。他将到馆读者分为四个层次,第一层次是旅游文化专业工作者、教育者,第二层次是旅游实业工作者,第三层次是进行地方考察、探索投资意向、调查市场等的社会各阶层人士,第四层次是基础广泛的旅游爱好者,并介绍了南市区图书馆针对不同人群的具体推广措施。王世伟(1997)以上海图书馆为具体案例,构想了如何发挥其游览、购物、娱乐等旅游功能,并提出在开发上海图书馆旅游功能的过程中应注意并处理好的三个问题:首先是动与静的问题;其次是游览人数的控制问题;最后是软硬件的准备问题。

潘拥军(2007)以广州新图书馆为具体案例对公共图书馆的文化休闲功能开发进行了研究。广州新图书馆建馆时即考虑到了休闲功能的设计,从学术讲座和学术会议、展览展示、多媒体阅览(音像资料欣赏)、个性化研究室、咖啡书屋及设立阅览室休闲功能区等方面体现了图书馆休闲服务的理念。通过研究,他认为城市公共图书馆发挥文化休闲功能是其核心功能的客观需求,而休闲阅读已经成为公共图书馆的核心业务之一,同时也是顺应社会人本理念发展的客观需求。公共图书馆应从渲染文化氛围、打造文化休闲审美空间、打造交流互动空间、举办文化休闲活动等方面落实休闲功能的开发。发挥文化休闲功能既是城市公共图书馆发展的必然趋势,也是图书馆适应时代发展潮流,切实履行自身社会职责的必然选择。郑良光(2011)认为图书馆应该争取社会合作,发挥文化休闲功能,并以汕头市图书馆茶文化阅览室建设为例进行了研究。汕头市图书馆与汕头市千手文化艺术传播有限公司合作,共同开发了"茶文化阅览室",通过推广、宣传、举办系列活动等,弘扬和传承了茶文化,带动了图书馆休闲功能的发挥。

唐晶等（2012）认为图书馆与博物馆需要寻求新的立足点，实现资源与服务最优组合，在数字化建设、休闲环境改造等方面跨馆际合作，提供多元化和精细化的服务来吸引读者。图书馆与博物馆因为有着深厚的渊源、性质功能相似、馆藏相互渗透等，所以具有合作的基础。她认为，图书馆与博物馆应顺应休闲时代的变化，通过营造休闲环境来吸引用户。图书馆与博物馆追求人、建筑与自然的和谐统一，充满教育、接纳、人文关怀、多元的氛围，能够提供更深层次、多样化的服务。同时，也需要保障弱势群体的权利，做好相应的休闲服务。也有学者对图书馆休闲功能开发的某一具体设计进行了研究。石丹妹（2016）讨论了在图书馆开设休闲茶吧的可行性。她认为将茶吧宁静、安逸的休闲方式引入图书馆中，不仅能够让图书馆的人文风范变得更加浓郁，而且可以丰富图书馆的休闲功能，通过建设更为舒适的图书馆休闲茶吧的环境，改善服务方式，让更多的人在休闲茶吧中享受生活和阅读的乐趣。史荣（2016）认为茶文化阅览室的建设对于充分发挥图书馆的文化休闲功能有着重要的意义，图书馆茶文化阅览室的建设是一个系统性工程，因此图书馆应当争取多方合作，争取更多的社会资金，接收社会各界的茶文化图书捐赠，加强社会合作。此外，图书馆应与当地的文化宣传部门和茶文化社会组织大力合作，多方共同参与，取长补短，发挥优势，协同建设。图书馆文化休闲功能的实现符合当今时代的发展趋势，符合社会大众的文化休闲需求。茶文化博大精深，源远流长，茶文化阅览室的建立不仅能够发挥图书馆的文化休闲功能，而且对于中国传统茶文化的传承和发展有着积极的意义。

（9）图书馆服务于旅游业的研究。

周立飞（2001）提出图书馆应充分发挥自身优势，更好地服务于旅游业，应在现有业务的基础上开展以下业务：旅游业的决策层在总体规划和项目开发过程中需要大量的相关信息，图书馆可以做好服务工作。导游是旅游的重要组成部分，导游素质的高低直接影响到游客旅游的质量，图书馆可以为导游的自我提升提供相关服务。游客是旅游的主角，他们需要图书馆提供良好的旅游信息服务。图书馆还应为旅游教学提供信息咨询服务，如提供各种专业书刊，作为教学的参考资料；整理和挖掘馆藏文献中的有关旅游资料，为师生的调研提供服务等。宋玉真（2003）认为图书馆是重要的文化旅游资源，是深化文化旅游必不可少的重要内容，应通过大力宣传图书馆在深化文化旅游中的重要地位和作用，主动为旅游部门提供信息服务，在重要的风景名胜地建立旅游图书馆等措施，发挥其在文化旅游中的主导作用。李小丽（2005）以湘西地区为具体案例，进行了图书馆服务当地旅游的研究，认为湘西旅游的发展趋势需要图书馆的介入和参与，旅游信息业需要图书馆的参与，图书馆在服务旅游文化、建设文化旅游时具有传统文化保存、文化服务、文化展示、文化研究等优势。因此，图书馆可按以下思路服务湘西地区旅游：首先，从文化的角度，科学地阐发自然界的神奇造化；其次，利用地方文献，深入挖掘湘西地区的民族文化，再借名人的光环效应，打好名人效应牌；最后，建设大湘西旅游信息资源数据库，与旅游部门结合实现双赢。图书馆在参与旅游资源开发的过程中不但加快了旅游资源开发的速度，带动了地区经济的发展，自身也通过支持旅游资源开发，丰富充实了馆藏特色资源，完善了图书馆的服务体系，提升了图书馆的社会地位，加强了图书馆在信息服务市场竞争中的生命力和竞争力。

1.3.3 国内外研究现状述评

"休闲"是社会经济发展到一定阶段的产物，因国外发达国家的经济发展水平较高，故国外政府、图书馆等部门在 20 世纪

50年代就已经开始重视图书馆的休闲功能开发，学者们对此也进行了全方位的研究，而且通过多年的努力，发达国家的公民普遍已具有强烈的图书馆休闲阅读意识。

国内学者对图书馆功能的研究主要围绕教育功能、德育功能、新技术对图书馆功能的推动以及图书馆功能的演变等方面展开，但主要为理论和定性的研究，实证的量化研究较少。国内学者对于图书馆休闲功能的研究已较为丰富，包括定性的理论研究和定量的实证研究。总的来讲，国内学者对图书馆开发休闲功能持肯定态度，认为图书馆的发展必须要跟上社会经济发展的趋势，在这一趋势下，唯有不断拓宽发展思路，谋求发展新方向。但是面对日新月异的信息时代，已有的研究已不能完全反映高校图书馆休闲功能开发的面貌，因此，本研究选取具有代表性的我国"世界一流大学"建设高校图书馆，对其休闲功能开发现状进行研究，从而找出存在的问题与不足，提出相应的解决策略，以期为图书馆事业的可持续发展提供参考。

1.4 研究内容与方法

1.4.1 研究内容

本研究以我国"世界一流大学"建设高校图书馆为例，在对国内现有研究文献进行梳理的基础上，对其休闲功能现状进行调研，找出开发的不足与问题，从而有针对性地提出建议和措施。具体研究内容为：

第1章主要阐述了研究的背景、目的、理论意义以及现实意义，全面梳理了国内学者关于图书馆功能发展、图书馆休闲功能开发研究的历史脉络、集中区域、主要论点等。在此基础上，找出其存在的不足以及阐述本研究的着力点。同时，简述了研究的主要内容，研究所采用的方法等。

第2章对研究相关的概念，包括高校图书馆、休闲、休闲功能等进行了解析，根据本研究的内容等阐释了相关概念，进而对高校图书馆休闲功能开发的核心理论——休闲需要理论进行了详细阐释，为研究奠定了理论基础。

第3章通过对我国"世界一流大学"建设高校图书馆进行调研，详细阐述了目前各高校图书馆针对休闲功能已有的措施，对其进行类型划分，并对每一类的休闲功能进行解析。

第4章在详细分析了我国高校图书馆休闲功能开发现状的基础上，找出存在的问题与不足，并对每个问题与不足展开详细的论述。

第5章从历史原因、体制原因等方面深入分析造成目前图书馆界对休闲功能认识不足、图书馆休闲功能开发滞后的成因。

第6章在上述研究的基础上，根据不同高校图书馆的具体情况，有针对性地提出相应的建议和措施。

1.4.2　研究方法

1.4.2.1　文献研究法

对国内关于图书馆休闲功能开发的文献进行研究，通过分类、整理和分析，梳理了国内学者对于图书馆休闲功能开发研究的历史脉络，研究的起点、发展、现状以及未来的研究趋势。在大量文献研究的基础上，拟探索图书馆休闲功能开发研究表象背后的规律。

1.4.2.2　实地调研法

通过对我国"世界一流大学"建设高校图书馆进行实地调研、网页调查、馆员访谈等，获取与研究相关的第一手资料，为研究提供坚实可靠的数据支撑。

1.4.2.3 定性分析法

定性的理论分析旨在理顺研究的整体思路与逻辑,确保研究的基础坚实可靠。本研究拟在大量文献研究的基础上,对相关理论进行详细的阐释,为实证研究奠定理论基础。

1.5 可能的创新点

如前所述,自20世纪我国高校图书馆逐步发展成为现代图书馆以来,休闲功能已经逐步成为图书馆功能的重要组成部分。而实际上,休闲功能在图书馆各项功能中处于较为边缘的位置,高校图书馆对这一功能的重视程度不够,缺乏切实有效的开发措施。希望通过本研究,一方面引起高校图书馆的重视,加大对图书馆休闲功能的开发力度,切实践行《普通高等学校图书馆规程》相关要求;另一方面通过提出开发战略措施,充分发挥图书馆的休闲功能,促进图书馆可持续的全面发展。

第 2 章 概念界定与理论基础

2.1 概念界定

2.1.1 高校图书馆

《辞海》中并没有对"高等学校图书馆"进行单独释义,其对"图书馆"的释义为:搜集、整理、收藏和流通图书资料,以供读者进行学习和参考研究的文化机构,依其服务对象和工作范围,分为公共图书馆、学校图书馆、工厂图书馆、农村图书馆、科学机关图书馆等,是重要的宣传、教育阵地。卢震京(1958)在《图书馆学辞典》一书中指出,图书馆系根据其特定需要,搜集一切或一些人类文化在科学、技术、文学及艺术各方面所创造的精华记载,用科学的经济的方法整理、保存,以便广大人民使用,进而帮助其接受马列主义,并成为完成社会主义建设所必须的知识的文化中心。黄宗忠(1988)在《图书馆学导论》一书中提出:"图书馆是对信息、知识的物质载体进行收集、加工、整理、积聚、存贮、选择、控制、转化和传递,提供给一定社会读者使用的信息系统。简言之,图书馆是文献信息的存贮与传递中心。"《普通高等学校图书馆规程》将高校图书馆定义为:高等学校图书馆是学校的文献信息资源中心,是为人才培养和科学研究服务的学术性机构,是学校信息化建设的重要组成部分,是校园文化和社会文化建设的重要基地。图书馆的建设和发展应与学校的建设和发展相适应,其水平是学校总体水平的重要标志。

高校图书馆的服务对象与服务内容随着时代的发展不断变化,《辞海》对图书馆服务内容的释义仅为"图书资料",已不适合如今图书馆的发展。综合以上释义,本书将高校图书馆定义为:高校图书馆是为高等学校提供教学和科学研究服务的学术性机构,是高校重要的宣传、教育阵地,是通过搜集、整理、收藏和流通各种印刷与非印刷资料,提供给高校师生使用的一个结构完善、层次分明的信息系统。

2.1.2 休闲

"休闲"原为农业经济的一个专用词,意指农田在一定时间内不种作物,是休养地力的措施。关于休闲的最早记载出现于先秦时期,"休"是一个会意字,是人靠着树木休息的意思。《说文解字》中记载:"休,息止也。从人依木。"《说文解字》对"闲"的释义为"阑也。从门中有木",即在门外树上栅栏,以为边界。由以上可以看出,"休""闲"多表现人们在劳作之余养精蓄锐、休养生息。潘拥军(2007)认为"休闲"是人类正当的内在精神需要,随着社会经济水平的提高和发展,人们的闲暇时间普遍增多,休闲需求已经突破生存压力的压抑,成为一种切实的生活需要。李瑞仙(2013)将"休闲"定义为人的一种正当的内在精神需求,是人们在非工作时间内,依托多元化活动,从繁重的生存压力中解脱出来,促进体能恢复与身心愉悦的行为。深层次来讲,休闲生活就是实现人与自然、人与社会的和谐,实现心灵放纵与精神升华。随着社会的发展和人们观念的转变,休闲生活也日益成为现代人生活的重要组成部分。

结合休闲的内涵与高校图书馆的释义，本书中的"休闲"特指高等学校图书馆的读者利用图书馆的实体资源或电子资源，脱离学习和研究的繁重压力，达到调节、放松与愉悦身心的目的。

2.1.3 休闲功能

吴慰慈（2008）在《图书馆学概论》一书中认为，图书馆中有大量的人文、历史、美术、影音等作品，可以满足不同类型的用户进行休闲的需求。图书馆在发展的不同阶段，展示出的社会功能不尽相同。黄宗忠（2011）在《充分发挥图书馆功能》一文中认为，图书馆的休闲功能和图书馆的休闲职能是一样的，图书馆的休闲职能是指图书馆能给社会大众带来哪些休闲作用，这与图书馆的休闲功能相一致，两者并无区别。黄冠男（2016）认为图书馆休闲功能是指图书馆作为大众文化娱乐的场所之一，应具有宣传休闲理念，培养正确休闲价值观，促进大众休闲文化养成的功能，从而满足不同类别人群的休闲需求，以丰富人民群众的精神生活，提升文化品位与审美趣味。

综合以上学者的观点，本书中的休闲功能特指高校图书馆为满足师生员工利用图书馆的设施设备、图书资料、电子资源等进行休闲活动而开发的一种功能。这种功能以图书馆的服务对象为导向，契合了图书馆"一切为了读者"的宗旨。

2.2 休闲需要理论

2.2.1 马克思的休闲思想

因所处时代的原因，马克思并没有直接使用"休闲"一词，关于休闲的理论主要体现在他的自由时间理论中。

(1) 自由时间的内涵。

马克思将自由时间分为闲暇时间和从事较高级活动的时间。他认为自由时间是当生产力发展到一定阶段，人不必把他的全部时间用于生产生活必需品，在维持生存所必需的劳动时间以外还有空闲时间可以支配，这种时间不直接被生产劳动所吸收，而是用于娱乐和休息，从而为自由活动和发展开辟广阔天地。自由时间主要包括非劳动时间、不被生产劳动所吸收的时间、个人受教育的时间、发展智力的时间、履行社会职能的时间、进行社交活动的时间、自由运用体力和智力的时间。

(2) 自由时间产生的源泉。

马克思研究的主体是资本主义社会的工人阶级。他认为资本成了为社会可以自由支配的时间创造条件的工具，使整个社会的劳动时间缩减到最低限度，从而为全体社会成员本身的发展腾出时间。但是由于阶级压迫和剥削的存在，工人的劳动时间被资本家分割为"生产满足工人自己和家庭社会需要的产品的时间"和"生产满足资本家贪婪的价值欲望的剩余劳动时间"两个部分，工人劳动时间的一部分被资本家无偿占有，资产阶级从而占有了无产阶级的休闲权利。因此，必须改变这种不公平的制度，让无产阶级也享有更多的自由支配时间。

(3) 自由时间的意义。

人的自由全面发展是马克思提出自由时间的终极意义所在。在马克思看来，人不再受自然经济和商品经济的约束，人的"自由个性"得到全面发展，不仅仅是个人自身的诸多方面，连同人的社会关系和社会交往也得到全面发展，人与人形成事实上的平等，整个社会是和谐的，社会发展和个人发展实现了真正的统一，人类将从自然、社会和人自身当中获得最大的自由，并从这种自由中获得幸福和满足。

2.2.2　马斯洛的需求层次理论

1943年，美国心理学家亚伯拉罕·马斯洛从人类动机的角度出发将需求分成生理需求、安全需求、社交需求、尊重需求和自我实现需求五类，依次由较低层次到较高层次排列。第一层是生理需求，也是级别最低、最具优势的需求，如食物、水、空气、性欲、健康等。生理需求是推动人们行动最主要的动力。第二层是安全需求，同样属于低级别的需求，其中包括对人身安全、生活稳定以及免遭痛苦、威胁或疾病等的需求。马斯洛认为，整个有机体是一个追求安全的机制，人的感受器官、效应器官、智能和其他能量主要是寻求安全的工具，甚至可以把科学和人生观都看成是满足安全需求的一部分。第三层是社交需求，属于较高层次的需求，如对友谊、爱情以及隶属关系的需求。第四层是尊重需求，属于较高层次的需求，如成就、名声、地位和晋升机会等。马斯洛认为，尊重需求得到满足，能使人对自己充满信心，对社会满腔热情，体验到自己活着的价值。尊重需求既包括对成就或自我价值的个人感觉，也包括他人对自己的认可与尊重。最后一层是自我实现需求，是最高层次的需求，包括至高人生境界获得的需求，因此前面四项需求都能满足，最高层次的需求方能相继产生，其是一种衍生性需求，如自我实现、发挥潜能等。自我实现需求是指实现个人理想、抱负，最大限度地发挥个人能力，达到自我实现境界，接受自己也接受他人，解决问题能力增强，自觉性提高，善于独立处事，要求不受打扰地独处，完成与自己的能力相称的一切事情的需求。也就是说，人必须干称职的工作，这样才会使他们感到最大的快乐。马斯洛提出，满足自我实现需求的途径是因人而异的。自我实现需求是在努力发挥自身潜能的基础上，使自己成为自己所期望的人。

2.2.3 布莱德肖的分类学

英国学者布莱德肖从个人生活和社区制度的角度将人的需求归纳为四种类型：感觉性需求、表达性需求、规范性需求和比较性需求。感觉性需求强调的是由个人表达其感觉到的需求。它是个人知觉得到需求，也是个人过去对问题的经验。表达性需求是指当某一项社区服务的需求因为人数过多而超出了服务所能供给的范围，社区就会对这种供不应求的服务存在需求，这类需求是居民表达出来的实际需求。规范性需求是专业人员或行政人员根据社会服务对象与环境的关系对需求的定义或者是对于需求内容的规定。比较性需求是指当一个社区在提供某种需要的时候，另外一个类型相近的社区却没有提供相同的服务，那么后一个社区的居民便会对该项其他社区有而自己没有的服务提出需求。

2.3 第三空间理论

2.3.1 第三空间的概念

最早提出"第三空间"概念的是美国社会学家雷·奥丁伯格，他在著作《绝好的地方》中对第三空间展开诠释。他认为第一空间是家庭；第二空间是职场，也就是工作空间；第三空间就是指除家庭空间、工作空间以外可供人们放松、消遣、聚会、交流的社会空间，既指物理空间，也指数字空间，需要满足人们对社交、创意、娱乐的需求。1996年，在前人研究的基础上，美国地理学家爱德华·W. 苏贾受后现代主义思潮的影响，在列斐伏尔的《空间的生产》和福柯的空间理论基础上，进一步阐释了"第三空间"的概念。他认为第三空间既不同于物质性的物理空间（第一空间），也不同于观念性的精神空间（第二空间），是超越二者的"第三化"的"他者"，但第三空间又与这二者密切相关，它既是生活空间又是想象空间，是人们进行社会活动和选择的场域。2007年，奥地利学者克里斯蒂娜·米昆达在《期望的概念》一书中从城市的建筑方面对第三空间的概念做了进一步的阐述，她认为第一空间是居住场所，第二空间是工作场所，第三空间是情感精神之所，如图书馆、咖啡馆、公园等。

2.3.2　第三空间的特点

第三空间最显著的特点是自由、宽松、开放、平等。在第一空间——家庭中，人们均有固定的角色，如丈夫、父母等，囿于角色的限制，人们并不是平等的，而且所有行为均受到约束条件的限制，自由度低，同时，家庭也是非常私密的场所，开放程度最低。同样的，在第二空间——职场中，人们必须遵守各种职场规则，有严格的上下级限制，无法随意释放身心，无法彻底地开展休闲活动。在第三空间中，人们解除一切防备，释放自我，在完全自由、宽松、开放的环境中享受休闲时间带来的乐趣，而且在这一空间中，人们没有等级差异，处于完全平等的状态。在这样的空间与状态下，人们可以怀着轻松愉悦的心情，享受在第一空间和第二空间中得不到的乐趣。

第 3 章　高校图书馆休闲功能实践现状

3.1　研究对象

2015 年 8 月 18 日,中央全面深化改革领导小组会议审议通过《统筹推进世界一流大学和一流学科建设总体方案》,并于同年 11 月由国务院印发,决定统筹推进建设世界一流大学和一流学科;2017 年 9 月 21 日,教育部、财政部、国家发展改革委联合发布《关于公布世界一流大学和一流学科建设高校及建设学科名单的通知》,世界一流大学和一流学科建设高校及建设学科名单正式确认公布,共计确定了世界一流大学建设高校 A 类 36 所、B 类 6 所,一流学科建设高校 95 所。考虑到数据的可获得性、全面性及代表性等因素,本书选择世界一流大学建设高校 A 类和 B 类共计 42 所高校的图书馆作为研究对象。

世界一流大学建设的 42 所高校在全国处于领先水平,相应的,这部分高校的图书馆建设水平也处于全国领先水平,以这部分高校图书馆作为研究对象,能够有效反映我国图书馆界休闲功能开发的现状。

3.2 开馆时间分析

随着高校的发展以及图书馆事业的发展，世界一流大学建设的42所高校平均拥有至少2座图书馆，各分馆的开放时间不一，且分馆内的阅览室、借还书处、电子阅览室等不同部门的开放时间也不一致。考虑到休闲活动主要在阅览室等公共空间进行，与借还书处、办公室等关系不大，因此本书主要采集各图书馆阅览室的开放时间进行分析（见表3-1）。

表3-1 我国一流高校图书馆开馆时间

序号	单位	开馆时间			
		周一至周五	周末	节假日	寒暑假
1	北京大学	6:30—22:30	6:30—22:30	闭馆	8:00—21:00，周末闭馆
2	中国人民大学	7:00—22:00	8:00—22:00	闭馆	周一、周四 9:00—17:00
3	清华大学	7:00—22:30	7:00—22:30	闭馆	阅览室7:00—22:30，其他部门9:00—17:00
4	北京航空航天大学	8:00—22:00	8:00—22:00	8:00—22:00	8:00—22:00
5	北京理工大学	7:00—23:00	7:00—23:00	—	9:00—17:00
6	中国农业大学	7:30—22:00	7:30—22:00	闭馆	周一、周四 9:00—17:00
7	北京师范大学	8:00—22:00	8:00—22:00	闭馆	8:00—21:00
8	中央民族大学	8:00—22:00	8:00—22:00	开放自习室	8:00—22:00
9	南开大学	8:00—22:00	8:00—22:00	闭馆	周一至周五 9:00—16:00，周末闭馆

续表 3-1

序号	单位	开馆时间			
		周一至周五	周末	节假日	寒暑假
10	天津大学	8:00—22:00	8:30—18:30	闭馆	周一至周五 8:30—11:30,周末闭馆
11	大连理工大学	7:50—22:00（春、夏季）7:50—21:30（秋、冬季）	8:30—17:00	闭馆	周一至周五 9:00—16:00,周末闭馆
12	吉林大学	8:00—22:00	8:00—22:00	闭馆	周一至周五 8:30—16:00,周末闭馆
13	哈尔滨工业大学	—	—	—	—
14	复旦大学	8:00—22:00	8:00—22:00	开放自习室	周一至周五 8:30—17:00
15	同济大学	8:00—22:00	8:00—22:00	闭馆	8:00—22:00
16	上海交通大学	8:00—22:00	8:00—22:00	闭馆	8:00—21:30
17	华东师范大学	8:00—22:00	8:30—21:30	闭馆	8:00—22:00
18	南京大学	8:00—22:00	8:00—22:00	闭馆	周一至周五 8:30—17:30,周末闭馆
19	东南大学	8:00—22:00	9:00—22:00	9:00—22:00	周一至周五 9:30—16:30,周末闭馆
20	浙江大学	8:30—21:50	8:30—21:50	闭馆	周一至周五 8:30—11:30,13:00—17:00;周末闭馆
21	中国科学技术大学	7:00—23:00	7:00—23:00	闭馆	周一、三、五上午开馆
22	厦门大学	8:00—23:00	8:00—23:00	闭馆	周一至周五 8:30—17:30,周末闭馆
23	山东大学	8:00—22:00	8:00—22:00	闭馆	8:00—21:00
24	中国海洋大学	8:00—22:00	8:00—22:00	闭馆	周一至周五 8:30—16:30,周末闭馆

续表 3-1

序号	单位	开馆时间			
		周一至周五	周末	节假日	寒暑假
25	武汉大学	8:00—22:00	8:00—22:00	闭馆	8:00—22:00
26	华中科技大学	8:00—22:00	8:00—22:00	8:00—22:00	8:30—21:30
27	中南大学	8:00—22:30	8:00—22:30	闭馆	8:30—11:30
28	中山大学	—	—	—	—
29	华南理工大学	8:30—22:00	8:30—22:00	闭馆	周二、周五 9:00—17:00
30	四川大学	7:00—22:00	7:00—22:00	闭馆	周一至周五 8:00—22:00，周末闭馆
31	重庆大学	8:00—22:00	9:00—22:00	闭馆	9:00—18:00
32	电子科技大学	7:00—22:00	7:00—22:00	闭馆	9:00—17:00
33	西安交通大学	7:30—22:45	7:30—22:45	闭馆	周一至周五 8:15—17:45
34	西北工业大学	7:30—22:30	8:30—22:30	闭馆	8:30—18:00
35	兰州大学	8:30—22:00（春、夏、秋季）9:00—17:30（冬季）	9:00—22:00（春、夏、秋季）9:00—16:00（冬季）	闭馆	周二、周四 9:00—16:00
36	国防科技大学	8:00—22:00	8:00—22:00	—	—
37	东北大学	8:00—22:00	8:00—22:00	10:30—16:30	周一至周五 8:30—16:30
38	郑州大学	7:00—22:30	7:00—22:30	闭馆	周一至周五 9:00—17:00，周末闭馆
39	湖南大学	6:30—22:30	6:30—22:30	8:30—22:30	8:30—22:30
40	云南大学	8:00—22:00	6:30—22:30	闭馆	周一、周三、周五 8:00—12:00，14:30—17:30

续表 3-1

序号	单位	开馆时间			
		周一至周五	周末	节假日	寒暑假
41	西北农林科技大学	8:00—22:00	6:30—22:30	闭馆	周一至周五 8:30—11:30，15:00—18:00；周末闭馆
42	新疆大学	10:00—23:00	10:00—23:00	10:00—13:30，15:30—19:00	周二 11:00—15:00

注：部分高校图书馆开放时间数据无法获取，表中用"—"表示。

由表 3-1 可以看出，我国一流高校的图书馆每周开放时间均超过了 90 小时，达到了《普通高等学校图书馆规程》所规定的"图书馆在学校教学时间内开馆每周应不低于 90 小时"。其中，开馆时间最长的为北京大学、北京理工大学、中国科学技术大学和湖南大学，每周开馆时间达到了 112 小时；开馆时间最短的为天津大学和大连理工大学，为 90 小时，与排名第一的四所高校相差 22 小时。

高校教职工、大学生的休闲阅读时间主要集中在周末。调查结果表明，大多数高校图书馆周末的开馆时间与工作日相同；部分图书馆周末的开馆时间稍少于工作日，如华东师范大学；少数图书馆周末的开馆时间大大少于工作日，如大连理工大学；兰州大学的图书馆冬季周末下午 4 点闭馆，这些都不利于休闲活动的开展，学生一旦失去图书馆这样宝贵的休闲阅读场所，将很难找到可替代的活动场所。

就节假日而言，高校图书馆普遍按照国家法律规定进行闭馆，给予馆员们休息的时间，这也就意味着未给读者提供任何休闲阅读的时间与机会，仅有北京航空航天大学、复旦大学、东南大学、华中科技大学、东北大学、湖南大学、新疆大学等几所高校的图书馆在国家的法定假日面向读者开放，为读者提供了宝贵的休闲活动场所。

寒暑假期间，高校图书馆的开放时间普遍缩短。部分高校图书馆采取每天开馆但总体时间缩短的方式，如北京理工大学、北京师范大学、上海交通大学、华中科技大学、西北工业大学等；部分高校图书馆采用周一至周五开馆并缩短开馆时间、周末闭馆的方式，如北京大学、南开大学、浙江大学、四川大学、西安交通大学、西北农林科技大学等；部分图书馆采用每周定期一至三天开馆并缩短开馆时间、周末闭馆的方式，如中国人民大学、中国农业大学、中国科学技术大学、华南理工大学、云南大学等。

3.3 休闲活动开展现状

近年来，借着全民阅读这股东风，国内一流高校图书馆的休闲活动愈发丰富，各馆纷纷以各种休闲活动为载体，并且不断推陈出新，努力推动全民阅读的进程。也正是因为有了全民阅读活动，高校图书馆的休闲功能才能实现跨越式发展。

全民阅读活动是中央宣传部、中央文明办和新闻出版总署贯彻落实党的十六大关于建设学习型社会要求的一项重要举措。自2006年活动开展以来，在中共中央宣传部、中央精神文明建设指导委员会办公室、新闻出版总署、文化部、国家新闻出版广电总局、教育部、解放军总政宣传部、共青团中央、全国总工会、全国妇联等部门的共同倡导下，全民阅读活动在全国各地开展，活动规模不断扩大，内容不断充实，方式不断创新，影响日益扩大。自党的十八大以来，"开展全民阅读活动"已经成为党中央的一项重要战略部署，此后在政府工作报告和《国家"十二五"时期文化改革发展规划纲要》《国家基本公共服务体系"十二五"

规划》等系列报告和规划中也多次对倡导和开展全民阅读活动、建设"书香"社会提出了明确要求。2016年，国家新闻出版广电总局根据国务院立法工作计划起草了《全民阅读促进条例》（征求意见稿），并向社会公开征求意见。

由此可以看出，全民阅读是实现我国全面发展的重要举措，一流高校图书馆通过开展各类休闲活动推动全民阅读的发展是对党中央精神的切实践行。各高校图书馆近年来组织实施了丰富的休闲活动，包括知识竞赛类、讲座类、观影听音类、真人图书馆等。本书详细梳理了各一流高校具有代表性的实践休闲功能的休闲活动，大致分为以下八类：

（1）仪式类。如阅读推广启动仪式、读书月启动仪式、文化节启动仪式，以及与之相对应的闭幕仪式或颁奖仪式。

（2）讲座类。如学术类、论坛类、名人类、文化类、热点类讲座。

（3）竞赛类。如主题演讲比赛、图书知识趣味竞赛、征文比赛、微电影竞赛。

（4）参与类。如读书心得、图书评论、学生馆长（馆员）选拔、读者留言、读者献策、读者图书采选。

（5）展览类。如阅读主题摄影作品展览、书画作品展览、新书展览、经典名著展览、损毁图书展览、推荐书目图片展、经典电影展。

（6）活动类。如图书（文字）灯谜活动、读书联谊活动、志愿者主题活动。

（7）组织类。如读书会、读者协会。

（8）其他类。如无物理边界的虚拟组织，包括读者微信群、QQ群等。

各一流大学建设高校图书馆具体开展的休闲活动如下：

北京大学：每年毕业季时，北京大学图书馆均开展了丰富多彩的休闲活动。通过"毕业有期、燕缘无尽"毕业墙活动，让学子们在毕业留言墙上送些期许给未来的自己，寄些祝福给明天的北京大学，诉说衷肠给未来校园里的新面孔；通过"燕然笑语"毕业摄影展活动留下青春的回忆；通过"书·时光"毕业纪念卡套装反映同学们大学期间的借阅记录以及学习和成长历程。其他还有毕业季主题快闪、图书漂流等休闲活动。除此之外，北京大学图书馆还定期举办"一小时讲座"系列活动，分为"新手上路""解锁数据库""沉迷学术""软件达人"四个板块，提高了读者的信息素养，助力了学术研究，迄今已有十余年的历史，有数万名学子从这里受益。2017年，北京大学图书馆又开展了北京大学师生"共读一本书"朗读交流会活动，通过这一休闲阅读方式推动了全民阅读的发展，让整个学校的师生都能参与进来，一次全校范围内的朗读接力，最终汇聚成"北大师生版"《草房子》有声电子书。最后，针对现阶段大学生的特点，北京大学图书馆开发了"信息素养教育系列手游"之《图书馆的初遇》，通过手机游戏的方式让同学们迅速了解和熟悉图书馆各项资源的使用。

中国人民大学：结合党的最新精神，中国人民大学开展了"一带一路"沿线国家影视欣赏休闲活动，放映了《布达佩斯大饭店》《一次别离》《老井》等电影，通过休闲观影活动丰富了学生的知识。中国人民大学图书馆联合共青团中国人民大学委员会、中国人民大学研究生会等部门组织了"动感英语（Action English）"活动，以影片观看、双语交流为主要形式提高了同学们的口语表达能力。同时，图书馆也定期开展图书馆资源与服务利用专题讲座，包括资源服务概览系列、信息检索系列、学科研究与写作系列、实用工具系列等四个系列的讲座，帮助同学们更好地了解和利用图书馆资源。为更好地引导同学们利用图书馆的电子资源，中国人民大学图书馆开展了 Database 数据库页面设计大赛，通过这项休闲活动切实了解到同学们在使用、查找数据库资源时遇到的困难以及同学们自己想要实现的数据库功能。如此既可以引导学生有效利用数据库资源，又能够为今后的数据库网页改版提供思路。此外，中国人民大学图书馆还开展了"'悦读·在人图'经典朗读比赛"休闲活动，通过设置一定的奖项，鼓励同学们积极参与图书馆的活动，同学们可以结合自身的阅读经历，走进图书馆，分享不一样的校园生活。

清华大学：清华大学图书馆各分馆根据自身的情况开展了不同的休闲活动。美术图书馆为配合清华大学美术学院的教学科研和创作，展出馆藏台北故宫高仿真书画及相关文献，展览遴选出的馆藏台北故宫高仿真书画中包括唐代至清代各时期创作的中国最具代表性的绘画及书法作品，有范宽《溪山行旅图》、宋徽宗《腊梅山禽图》、倪瓒《容膝斋图》、颜真卿《祭侄文稿》、沈周《庐山高》、郎世宁《八骏图》等 30 幅作品，并且展览提供翔实的作品相关信息和说明，并配合展出馆藏台北故宫博物院出版的精装图书，以及相关艺术史理论电子书，为广大师生提供近距离欣赏台北故宫经典藏品的机会，助力了清华大学的艺术教育与普及。为推动落实清华大学"更人文"的发展愿景，丰富清华的文化内涵，彰显大学文化品位，满足清华读者日益增长的阅读需求，清华大学图书馆在北馆设立浸润式阅读文化体验区——"邺架轩"，展示精心挑选的国内 30 余家出版社最新出版的精品图书，提供自由适意的阅读体验环境，为广大师生在第一时间阅读、购买各家出版社的新书、好书提供机会，并在其中开展与读书、著书相关的文化交流活动，组织作者见面会。此外，清华大学图书馆还与中国图书进出口（集团）总公司联合举办了"寻找最美读书人"有奖活动，以数字资源交易与服务平台"易阅通"为背景拍照，不限形式，发挥创意，有效地凝聚了学生的休闲时间，展现了阅读之美。

北京航空航天大学：2017年，北京航空航天大学图书馆成功举办了以"城市"为主题的首届北京航空航天大学朗读者活动，图书馆依托自身丰富的馆藏资源和阅读功能，邀请到了70多位不同年龄层的北京航空航天大学师生分享故事，朗读文字，体现出了一种关于文字、关于阅读最原始的热爱和最原始的快乐，同时也丰富了校园文化生活，进一步促进了学校师生群体文艺事业的蓬勃发展，缓解了学生学习和科研的压力，培养了学生积极向上的心态和良好的读书意识，使广大师生在欣赏中提高鉴别美、创造美和发现美的水平。为不断营造北京航空航天大学"双一流"大学建设进程中的校园文化氛围，2017年世界读书日期间，北京航空航天大学举办了首届阅读马拉松比赛，共吸引210名在校生参加，阅读书籍共210本，挑战阅读时长共891小时，单人阅读时长最长7小时，展现了同学们高涨的读书和求知热情。北京航空航天大学图书馆还开展了其他休闲活动以促进图书馆资源的利用，如开展培训讲座帮助读者了解和掌握图书馆各种资源及相关服务的利用方法；通过有奖问答迎接"2017世界图书日"，"乐"享经典，挑战有奖；通过周末观影，提升学生的知识面，品悟人生道理；宣传电子资源，帮助学生更好地了解与利用电子资源；举办沙河新书展，引导大学生多读书、读好书；体验馆际互借文献传递，收获北京地区80多家图书馆的文献资源；通过BALIS原文传递中心免费获取海量科技类文献资源；通过CASHL文献中心获取丰富的人文社科文献资源等。

北京理工大学：北京理工大学图书馆开展了多种形式的休闲阅读活动。如紧扣当前国家发展的"科技梦·中国梦——中国现代科学家主题展"，展览运用丰富的历史资料，概要介绍了中国科学家群体形成、演进的曲折历程，讲述了他们为国家民族复兴所付出的艰苦努力与作出的突出贡献，揭示和弘扬他们求真务实、爱国奉献的崇高精神和与国家民族荣辱与共的高尚情怀。为方便读者有效地利用图书馆电子资源进行学术研究与科研创作，加深对常用数据库平台的了解，图书馆举办数据库培训系列活动，详细介绍数据库在开题选题、写作、投稿、科研辅助等环节的应用，助力读者的学习、教学和科研工作。图书馆还开展了手书北理文献活动，通过"书法"这一传统文化艺术形式，让更多的读者知晓、发现、挖掘并利用文献这一资源宝库，丰富校园文化，弘扬延安精神，增强爱校意识。此外，北京百万庄图书大厦有限公司与北京理工大学图书馆合作举办中文新书展，重点展示科技、社科文艺、经管、艺术设计等图书 4000 余种。通过本次书展，为广大读者提供更多的精品图书，全校师生莅临现场为图书馆推荐图书，丰富了馆藏资源。根据信息时代的特点，北京理工大学图书馆在一层试用了两台电子书刊借阅机，两台多媒体阅读学习机，大力推广"云借阅"，并举办了电子书刊阅读推广活动。借阅机中的图书资源涵盖了国内多种期刊和精品图书，读者可在馆内阅读，也可通过扫描二维码将书刊内容下载到手机等移动设备上"借阅"，方便了读者的休闲阅读。

中国农业大学：中国农业大学图书馆东馆举办了"百名摄影师聚焦香港"精选图片展，图片约 100 幅。在校大学生们通过观展重温香港回归历程，更加深入地了解"一国两制"伟大方针的重要意义。此次活动通过休闲的方式，贯彻了习近平总书记在全国高校思想政治工作会议上的重要讲话精神，配合了高校爱国主义教育活动的开展。读书节期间，中国农业大学图书馆开展了以书换书、以书会友、阅动书香主题活动，不仅为同学们提供了换书、赠书平台，促进图书利用与知识共享，而且为有共同喜好的书友们提供了交流机会。古典音乐太高冷？古典音乐过时了？古典音乐离生活很遥远？这些观念在中国农业大学图书馆被颠覆了，图书馆通过开展"电影中的古典音乐"活动，组织同学们聆听电影中那些耳熟能详却又不知出处的古典音乐片段，通过休闲的方式提高了大学生的文化修养。此外，为进一步鼓励读者利用图书馆馆藏资源，图书馆统计了一年来的书籍借阅情况，选取借阅前十名的在校生作为"阅读之星"，通过这种带有比赛性质的休闲方式鼓励大家将读书作为一种生活方式，爱读书、勤读书、读好书、善读书，通过读书"开启智慧，滋养浩然之气"。

北京师范大学：北京师范大学图书馆通过书展的方式提升读者的文学底蕴。其一，在商务印书馆创办一百二十周年之际，北京师范大学图书馆举办了"引领学术担当文化——商务印书馆创立120周年馆藏专题书展"，展出"汉译世界学术名著丛书""中国现代学术名著丛书""世界名人传记丛书""世界历史文库""莎翁戏剧经典""国际文化版图研究文库""碎金文丛""法学文库"八大系列丛书以及相关学术经典图书。其二，为了加强两岸学术文化交流，举办了2017年春季台湾地区原版学术图书展，精心挑选了4000余种台版学术新书及精品图书，涵盖了文学、历史、哲学、社会学、教育文化等学科，具体包括《永乐大典》《台湾日日新报》《美国驻南京领事馆/总领事馆档案辑成(1921—1935)》《稀见清代四部辑刊》《子海》等，汇古今学者之心血，集中华文化之大成。而且读者还可以根据需要建议图书馆购买书展中的书籍，以方便未参加书展的读者阅读。除此之外，北京师范大学图书馆还邀请知名校友开展了系列讲座，包括"走近季羡林"专家讲座、"教育均衡发展：理论实践及未来方向"、"海昏侯墓园与西汉长安城的平面布局形态"等，为读者打开了更为宽广的视野。

南开大学：南开大学图书馆近年来定期开展读书节活动，将各项休闲活动融入其中。为传承优秀文化，弘扬社会主义核心价值观，营造积极向上、浓郁的校园文化读书氛围，南开大学图书馆2017年举办了以"丽泽南开翰墨香"为主题的第七届"南开读书节"系列活动。其中，南开大学图书馆携手电影协会共同举办了"换种方式'读'名著——读名著、赏电影、享心得"主题读书活动,图书馆为读者播放中外经典名著改编的电影《骆驼祥子》《傲慢与偏见》,并邀请读者参与观影心得分享会。同时,南开大学图书馆举办了微视频大赛,邀请全校读者通过微视频的方式记录和展示最美丽的图书馆,提升了图书馆的凝聚力,展示了图书馆的魅力。开展各项休闲活动的目的在于提升读者对图书馆的认识以及提高图书馆的资源利用效率。为了让学校师生更多地了解学校可访问的电子资源及使用方法,提高电子资源利用率,南开大学图书馆邀请了数据库厂商来校做电子资源的宣传推广活动,通过设立展台的方式,直接与读者面对面交流与探讨电子资源的相关问题。同时,图书馆与两大书商共同举办汇集众多国外知名出版集团(社)最新学术出版物的外文原版书展,展出了5000余册图书,邀请读者荐购。

天津大学:天津大学图书馆打造了"知学悦读""知学沙龙"等活动品牌。"知学悦读"活动的目标为阅读百部国民经典,培养德学双馨人才,每周推荐给读者百部国民经典书籍中的一本,而且在学期末会对坚持阅读天数最多、阅读时间最长等参与者颁发奖品、证书以资鼓励,极大地调动了读者的积极性。"知学沙龙"涵盖的范围较为广泛,包括中国画技法研究、电影赏析、品读经典著作、听名师分享、看阅读之星书中的世界等,通过这些体验式的休闲阅读活动牢牢抓住读者。天津大学图书馆充分考虑到了读者的休闲需求,专门设立了通宵自习室,周一至周日17:00开放,次日9:00关闭。

大连理工大学:大连理工大学图书馆开展了富有特色的毕业季活动。第一是专属借阅证合影。两张红彤彤的大"借阅证"分别放置在伯川图书馆和令希图书馆二楼大厅,借阅证号由多个号码牌随意组合,每个拍照的毕业生都可以组合成自己的学号,每个毕业生都可以在具有大连理工大学图书馆特色的、带有自己学号的借阅证下合影，留下毕业前有关图书馆的纪念。第二是接收毕业生赠书活动。若毕业生一次性捐赠高质量图书10册以上，图书馆将向其发放赠书荣誉证，毕业后可凭此证和本人有效身份证件继续入馆阅览文献，这对毕业生来讲具有非常重要的意义。这是图书接力，也是爱心传递，更是在母校留下的最有意义的痕迹。第三是特制明信片集印章。图书馆将各校区图书馆的照片展现在一套明信片中，形成图书馆特制明信片送给毕业生。毕业生可以持明信片到文献传递、图书预约、自助借还等部门收集印章，再一次感受图书馆的各项功能，以留下点滴回忆作为纪念。此外，图书馆还举办了"品书知日本"征文大赛及"书梦缘微讲坛"品书交流会，通过这些方式让更多的人充分利用图书馆的文献资源，通过"为人找书，为书找人"促进全民阅读，实现图书馆资源利用的最大化。

吉林大学：吉林大学图书馆近年来定期组织了图书馆知识竞赛，引导读者了解图书馆资源。为了展现阅读之美，中国图书进出口（集团）总公司与吉林大学图书馆共同举办了"寻找最美读书人"有奖活动，读者可以在照片拍摄中加入学校、图书馆等元素，增强了图书馆的凝聚力。2017年，图书馆开展了"阅读·悦人心"读书月系列活动，主要包括以下五个方面：一是"析言"辩论赛。图书馆与学生社团合作举办"析言"辩论赛，辩论主题与阅读相关，力求为广大学生打造一个展示自己口才能力的平台。二是朗读者。朗读无技术——阅读大使走进高校，图书馆邀请省内著名播音员，以个人成长、情感体验、背景故事与传世佳作相结合的方式，选取精美段落大声诵读，用最平实的情感读出文字背后的价值。三是CASHL外文图书"畅读"免费活动。读者在活动期间可免费借阅国内34所高校图书馆收藏的数百万册人文社科外文图书以及上海图书馆收藏的图书。四是吉林省外文书店校园巡回图书展。书展汇集了21家大型出版社的优秀教材样书，为广大教师提供阅读和选择优秀教材的平台，推进大中专教材供需关系的进一步优化。五是"书香校园·关爱心灵"心理健康主题书展。活动向同学们推荐与心理学相关图书百余种，以帮助读者了解精神心理障碍，学会在必要时寻求心理援助，培养爱自己、爱他人的能力。

复旦大学：复旦大学图书馆开展了阅读马拉松比赛，要求读者安静阅读至少3小时，完成者即可获得由广西师范大学出版社颁发的证书和复旦大学图书馆准备的精美纪念品。复旦大学图书馆还开展了观影会活动，组织读者静静地在一起观看一部由经典名著改编而成的电影，在轻松的氛围中品味光影的魅力。书展和"24小时邮局"作为休闲阅读的一部分，受到了同学们的欢迎。复旦大学图书馆的书展不同于其他图书馆，展示的内容是年度复旦人最热爱阅读的书籍类目，即复旦大学图书馆借阅量排名前列的书籍；"24小时邮局"活动，图书馆会给到现场的读者一些纸张，读者可以写一封信或者在纸张上抄写书中的段落然后投入信箱，并换取一封来自其他读者的信。"巍巍复旦，其风蔚然"，在2017年的复旦大学读书节中，图书馆将活动分为四个篇章，包括特藏篇、颁奖篇、朗读篇与工匠传承篇，通过系列活动让读者投入到图书馆的环境中，深入了解图书馆，以便今后更有效地利用图书馆资源。

同济大学：同济大学图书馆联合校史馆、校团委推出了"欢庆十九大，重温同济史"校史知识竞答活动，活动包括线上和线下两个环节。线上微信推送校史知识题库，每天10道题，第二天公布前一天的答案，题目总数为110道题。以题库的形式来开展校史知识传播，一方面可以让同学们抓住校史的关键知识点，另一方面也可以让同学们掌握准确的校史知识。线下校史知识系列讲座、参观，邀请同济大学老教师、校史馆工作人员讲述同济大学发展史，对推送的题目答案作进一步的解析，让同学们不仅知其然,更知其所以然。图书馆还开展了"十月宝藏"活动,通过设置一定的题目,让参与者集齐卡片找寻宝藏,让读者深入体验图书馆。活动吸引了许多留学生参与,留学生和中国学生在游戏中互帮互助,跨越了语言障碍,展现了团队精神。在燃情西班牙读者服务月中,图书馆开展了"浓情伊比利亚——西班牙及西班牙语国家地区文化展"、"中西学院五周年建设成果展"、"西班牙风物画展"、"《堂吉诃德》不同中译本书衣百影展"、"浓情相遇——中西文学作品翻译对话"、西班牙文化知识竞赛、"西语世界"百册图书推荐阅读、西班牙语电影展映等十几项活动,通过这一系列丰富多元的阅读活动,带领全校师生领略西班牙文化的独特魅力。

上海交通大学:2008年起,上海交通大学图书馆推行IC2创新服务模式,其中,以"点亮阅读、启迪人文、弘扬文化"为主旨的IC2人文拓展计划有效推进了校园文化建设,提升了校园人文素养,成为校园文化服务中的重要品牌。每年的世界读书日前后,以"阅读,让校园更美丽"为主题,联合多方力量,开展由主题书展、主题展览、征文、观言评赏(互动交流)、鲜悦(Living Library)、艺术走进校园、微平台互动、专有网站建设等板块组成的系列活动。图书馆非常注重在毕业季与迎新季时开展丰富多彩的休闲活动。毕业季活动包括:"青春定格",留下校园时代与图书馆珍贵而美好的回忆;"印·迹",通过图书馆的数据,了解自己在校期间阅读情况,在毕业之际,回顾过往,展望未来;"毕业寄语",为读者提供说出心里话的机会;毕业季赠书活动,将经过筛选的毕业生所赠图书入藏图书馆或在开学时转赠新生,使捐赠图书如涓涓细流惠泽后学,实现图书的有效共享。迎新系列活动包括:在图书馆主页开辟新生专栏,以问题引导的方式介绍图书馆的主要功能和服务,让新生快速了解、掌握图书馆的基本情况;新生报到日迎新,通过读者咨询、热门书目展览、新技术体验（知了创新工作室）、宣传介绍资料以及纪念品发放等迎接新同学；参观图书馆主馆，可以是个人体验式参观，也可以是班级集体参观，或者在馆员的带领下参观；新生入馆培训，根据各院系的安排，图书馆学科馆员到院系举办新生入馆培训。此外，图书馆还通过微信征集"我与图书馆的故事"，可以是一段小文，抑或一首诗、一段小视频、一幅漫画、一张照片……同学们一同绘制出图书馆在他们心中的模样。为配合学校学科建设，方便院系师生们获取教学和科研所需的外文原版学术图书，丰富图书馆外文原版学术图书的收藏，上海交通大学图书馆与中国教育图书进出口有限公司及北京中科进出口有限公司联合举办了2017年"十月外文原版学术图书展"，通过休闲书展的方式引导师生参与到图书馆的资源建设中。

华东师范大学：华东师范大学图书馆将休闲活动融入新生培训系列活动中。"畅游图书馆"，在图书馆馆员的带领下，引导新生游览、熟悉图书馆；"图书馆利用探秘活动"，为新生全景展示图书馆，并制作成手册陈列于图书馆大厅供新生取阅；"迎新专栏"，通过发布馆长寄语、新生大礼包、新生看视频、新生自测、达人如是说等，开启新生美好的图书馆之旅；"时光胶囊"，让新生给未来的自己写一封信，并投递到图书馆的时光胶囊，美好的心愿暂且封存，等待毕业时再来见证当初的梦想；"新鲜人主题书展"，为新同学特别策划，供新同学们参考借阅，以开阔眼界、陶冶情操，以美其身，学以成人。此外，主题书展是华东师范大学图书馆的品牌休闲活动之一，该活动定期开展，紧扣当前社会政治经济环境，如"弄堂与摩登""过去、现在、未来——一带一路""印泥、琉璃与非遗保护"等主题书展。

东南大学：东南大学图书馆开展了多项休闲阅读活动。"我与图书的奇思妙想"——创意照片征集大赛，通过人书嫁接的摄影方式，营造妙趣横生的视觉效果，引导和鼓励全校师生充分利用丰富多彩的图书文化元素提升阅读兴趣。"21 天阅读计划：再不读书就丑了"活动，读者关注图书馆微信公众号后，选择一本自己喜欢的书籍，每天在活动推送信息下留言，写下读书心得，活动重在督促与鼓励同学们养成阅读的好习惯。"欧洲风情"——童寯画室第二期绘画作品展，展出了建筑大师童寯先生于 1930 年 5 月 22 日—6 月 4 日以及 7 月 13 日—7 月 16 日在法国、比利时、荷兰和捷克等四国游学期间所创作的 38 幅画作，是迎校庆 115 周年珍贵资料实物展的系列活动之一。"我对东大说"视频征集活动，作为东南大学图书馆和东南大学善渊读书会共同举办的读书节系列活动之一，以拍摄一段小视频作为参与方式，旨在为同学们提供一个充分展现创意的平台。"邀你来做买手"——读者荐购周活动，作为东南大学图书馆第九届读书节"爱书人的春天"系列活动之一，通过为期一周的读者荐购活动，让更多的师生参与到图书馆的图书采购中，揭开图书采购的神秘面纱。"百战书虫"知识竞赛活动，抓住时机，利用有限的军训时间，增强新生博闻强识、热爱阅读的主观意识，培养新生关心时政、心系家国天下的爱国主义情怀，引领新生意识到语言文字在传承、弘扬中华民族优秀传统文化中的重要作用。

浙江大学：浙江大学图书馆始终紧紧围绕国家与学校的发展开展各项休闲阅读活动。建校 120 周年时，图书馆举办了"书香百年——书与图书馆故事"主题展览，设有百年留影、百年器象、印鉴古今、古籍寻踪、文库流韵、馆藏撷珍六大展区，一张张珍贵的照片与一段段动人的文字唤醒尘封的记忆，带读者感受百廿载浙江大学图书馆的精神传承与力量源泉。浙江大学"一带一路"合作与发展协同创新中心联合中国丝绸博物馆共同举办"丝绸之路与丝路之绸"展，展览汇集了图文展板、丝绸技艺微场景模型、丝织品文物（复制）、活体蚕虫及桑叶、三维触屏互动空间展厅、丝路图书导读等不同元素，提升了图书馆的影响力。图书馆联合校团委开展了旨在推广校园阅读的文化品牌——悦空间，合作院系将阅读推广服务与日常工作紧密结合，在咖啡吧、师生交流中心的场地基础上，让悦空间品牌建设得到进一步发展，给院系空间建设增添了浓郁的书香味。同时，悦空间也是团学干部加强自身理论学习的有效途径。悦空间已逐步成为集学习、休闲、读书、交友于一体的综合性平台。

中国科学技术大学：中国科学技术大学图书馆组织开展了丰富多彩的休闲活动。为激发广大学生和科研人员探索学术资源的热情，加强对 IEL 数据库资源的利用，IEEE 数据库团队联合 IEEE 出版社举办了"'AI 智生活'IEEE Xplore 科技文献检索达人挑战赛"，让读者通过使用 IEEE Xplore 平台，从真正了解它们开始。为弘扬积极进取的学习精神，关注校园辛苦奋战的考研学子，起点考研网携手图书馆举办全省大学生手机摄影比赛，不仅激发了学生学习的热情，也有效宣传了企业。在昆曲赏析文化沙龙活动中，邀请到了广州天园京昆传习所的老师们带来文化盛宴，采取文化讲座与昆曲演出相结合的方式，从不同方面讲述昆曲与文人群体之间的内在关系以及昆曲独特的艺术审美风格，现场演绎昆曲经典名段，让更多的师生对昆曲艺术有了更深的认识，促进了昆曲艺术的传承与发展。在"带上音乐去旅行"主题讲座活动中，讲座老师在介绍各个时期古典音乐流派的同时，还介绍了库克数字音乐图书馆中充实详尽的古典音乐资源，图书馆已装载了库克数字音乐图书馆系统，在校的同学们可以登录系统免费下载欣赏正版古典音乐。为迎接 4 月 23 日"世界读书日"，图书馆面向全校师生开展"分享悦读·宁静致远"主题征文比赛活动，活动目的为分享悦读，鼓励同学们说出自己和书的故事，说出悦读的故事，传递正能量。

厦门大学：厦门大学图书馆以读书会的形式引导读者通过休闲活动提升自身修养，读书会的书籍内容涉及中国文学、西方文学、自然环保、医学伦理、宇宙天体、公益救助等。同学们以共读一本书的目的聚集在一起,围绕既定的主题表达自己的观点,聆听别人的思想,与同龄人共同阅读、思考,平等交流,养成了阅读和交流的好习惯。同时,厦门大学图书馆以"真人图书馆"的形式开展主题分享会,请身边的同学分享自己的人生经历,使同学们可以获得更直观、更深刻的阅读体验。2017年,图书馆还组织了十场特色专题书展,每周一次,一周一换,不同主题,不同眼界,跨学科思维大爆炸。此外,图书馆光影坊还组织了一系列的电影放映活动,包括克里斯托弗·诺兰专场放映、宫崎骏专场放映、哈利·波特专场放映等,引导同学们从休闲观影中获得知识,丰富了同学们的休闲生活。

中国海洋大学:中国海洋大学图书馆开展了系列休闲活动,引导新生了解图书馆。图书馆使用指导培训:针对本科生和研究生的具体情况制定了相应的培训安排,通过教学帮助新生尽快融入图书馆。校园主题电影放映月:新生报到的整个9月,每周五至周日晚上6:30—8:30在图书馆信息共享空间播放校园主题的电影,通过休闲观影活动传播正能量。梦想留言墙:在迎新季,两校区图书馆大厅设有新生留言墙,欢迎同学们踊跃留言,图书馆对留言进行整理收藏后于毕业季集中展示。"我与图书馆相遇"主题摄影比赛:迎新季读者在图书馆取景拍照,增强了图书馆的凝聚力。电子资源培训周:通过培训,引导读者全面了解、有效利用了学校电子资源,图书馆也更好地服务了学校的教学科研工作。此外,图书馆还开展了"流动的博物馆"——"青岛史话"讲座与展览,在增加读者文化素养的同时,也进一步了解该校身处城市的历史背景。

武汉大学:武汉大学图书馆从读书、读人、读艺术、读影音等方面打造了五大品牌文化活动,包括珞珈阅读广场、文华讲坛、真人图书馆、艺文展览、音乐随心听,期望通过每两天≥1

次音乐欣赏、每周≥1次读书会、每月≥1次艺文展览、每季度≥1次真人书阅读等方式提升全民阅读的参与度以及阅读质量。"馨香悦读激扬梦想"武汉大学读书节是图书馆的另一品牌活动，起始于2013年，每年4月举办，每届为期约两个月，通过一系列丰富多彩的文化活动推介馆藏资源，推广特色服务，传播阅读文化，引导广大读者走进图书馆，利用图书馆，学会阅读，爱上阅读。在2017年读书节期间，武汉大学图书馆举办了古典文学知识大赛、古典文学赏析分享会、赏珞珈春色品草木诗心、诗情珞珈剪纸鉴赏交流会、名家花开时节话读书（文华讲坛）、古典诗词现场书画笔会、《江城五月落梅花》舞台剧、珞珈草木诗心书画展、中国古典诗词馆藏专题书展、中国古典诗词馆藏推荐书目、古籍库、古代文学作品库海报展、"武汉大学十大借阅之星及十大书香学院评选"、"创客心分享"、"精品图书互换会&诗词竞答"、"品味真人书——真人阅读"、"我有一个医学梦"演讲大赛、"我眼中的中国古典建筑"摄影大赛等品牌活动，切实利用休闲阅读的方式引导读者不断学习，提升自我。

华中科技大学：华中科技大学图书馆近年来打造了"一本好书与你同行"阅读推广品牌活动，在每年的开学季、毕业季、世界读书日、寒暑假等开展一系列活动为读者提供更优质、更贴心的服务。2017年，围绕这一主题，图书馆开展了"琅琅读书声""寻找武汉""图书漂流""电子资源嘉年华""图画医学史展览""借书有礼""扫码有礼""妙语书评"等十多个活动。其中，琅琅读书声是为2017年世界读书日打造的创新性阅读推广活动，图书馆广泛发布征集令，先行搜寻好文字，师生读者积极响应，通过微信、邮箱、云舟等多渠道投稿。读书日当天，图书馆精选其中一部分展出，同时开放朗读角，读者们可以挑出自己喜爱的卡片，用饱含深情的声音优雅诵读。此外，为了加强两岸文化交流，华中科技大学图书馆携手厦门外图集团有限公司共同举办港台地区原版学术图书展,书展包括 4000 余种港台地区新书及精品图书,如《民国文学珍稀文献集成》《金学丛书》《台湾日日新报》等。

中南大学:中南大学图书馆开展了读书月系列活动,已成为具有代表性的休闲阅读推广活动。读书月系列活动丰富多彩,包括馆藏经典图书推介(《四库》《续四库》《古今图书集成》《中华再造善本》《红藏》等)、新书联展、书目征集活动、真人图书馆、读者参与新书现采、经典外语片展播、馆长与读者即席谈网络座谈交流、朗读者音频评选等,丰富多彩的活动提升了学生的学习积极性,推进了校园文化建设。为落实国家"全民阅读"的决策部署,营造"书香湖南""书香校园",推动精读,弘扬湖湘文化,培养大学生良好的读书习惯,提升学校内涵建设水平和人才培养质量,丰富校园文化活动,中南大学图书馆积极参与由湖南省教育厅主办、湖南省高校图书馆工作委员会组织的全省高校一校一书——经典、精读、经世阅读推广活动。活动通过线上书目、线下阅读、线下活动、线上参与,跨媒体推荐、全媒体推广的方式进行,形成多种多样,通过这些活动切实发挥图书馆对学校教学科研的支撑作用,引领大学生的学习潮流。

华南理工大学:新媒体时代,华南理工大学图书馆开展了多元化的休闲阅读活动。其中,世界读书日活动最具代表性。自 2010 年华南理工大学举办该活动以来,已经持续了 7 年。2017 年世界读书日期间,图书馆开展了以下休闲阅读活动:"阅读愉悦,纯净心田"读者书评大赛——读者就读过的一本书撰写书评,图书馆评选优秀作品并在校报、图书馆网站及宣传栏展示,奖励优秀作者。"你选书,我付费"中文图书展——图书馆在大学城校区图书馆二楼,联合新华书店开展中文新版图书展示活动,读者现场选书或把平时喜爱的中文图书开列书单交给现场工作人员,由图书馆付款购买入库。"书海流芳"华工文库作品征集活动——图书馆面向在校师生和海内外校友征集具有学术价值和历史意义的各类著作、作品和藏品，所征集到的作品将被系统收藏、集中展示并妥善保存。第六届图书馆杯广东全民英语口说大赛，为读者提高英语口语能力提供了平台。图书馆开展的以上休闲阅读活动极大地提高了读者对图书馆资源的利用率。除此之外，图书馆还组织读者参加由广东省高等学校图书情报工作指导委员会主办的中科杯—广州大学城十校知识掌上竞赛，丰富了休闲阅读活动的方式。

四川大学：近年来，四川大学图书馆将新媒体、新技术与传统阅读方式有机结合，打造了阅读文化品牌，建立了阅读推广长效机制，积极开展了多种主题鲜明、创意新颖、内容丰富、形式多样、深受读者欢迎的阅读推广活动，在丰富学生业余生活、营造浓厚读书氛围、推广高校阅读文化、促进创新人才培养、构建特色书香校园文化方面成效显著。休闲阅读活动主要包括读书月系列活动、毕业季系列活动、迎新季系列活动、读者服务周系列活动等。以读者服务周为例，2017年的读者服务周结合十九大精神开展了以"做新时代人，从'学习'开始"为主题的4个主题16项活动，其中，"学思践悟十九大"主题活动包括主题文献展、真人图书馆和红色电影展播；我眼中的"双一流"主题活动包括"逐梦川大"明信片漂流、移动信息服务知识竞赛、论文零距离、"时空抉择"体验活动、"缤纷川大"涂鸦、"我的创新创业"思想碰撞等；"我的川大我的圕"主题活动包括2016—2017学年度四川大学"悦读"排行榜、"追梦人生"师生交流会、"我与川大图书馆"征文比赛表彰会、"阅读与人生"师生交流会、读书分享与心灵互动活动；文献服务大礼包活动即在活动周期间，图书馆免除读者外借图书超期服务费，图书馆"文献传递"服务面向全校师生免费开展。

重庆大学：重庆大学图书馆近年来致力于休闲阅读推广工

作，不断创新阅读推广的形式和内容，着力打造"书香校园"，培养大学生的良好阅读习惯。在每年世界读书日前后，组织开展主题书展、读书讲座、读书沙龙、读书征文、晒书会、电影欣赏周、赶大集、特色文献收集、好书分享、知识大赛等读书节系列活动，引领读书风气。组织开展"真人图书馆"活动，邀请各类专家、学者、师长以及某一领域的达人作为嘉宾与同学们展开对话，分享他们的人生经历和感悟。组织开展户外"图书漂流"实体活动，通过借书、以书易书的形式让读者找到自己感兴趣的图书，共享读书乐趣。每逢周末组织开展"同名影音欣赏"活动，通过播放与书籍同名的影片，实现经典书籍与经典影片的无缝连接和展示。组织开展"一读一讲"博雅文化快乐分享活动，让读者在指定书目中选取一本感悟最深的图书认真研读，撰写读书心得，并通过演讲形式分享读书感悟。图书馆还开展了毕业季系列活动，包括书香留影、毕业季捐书、校友服务等，通过系列活动定点服务特定的读者，通过休闲活动有效提高了图书馆资源的利用率，增强了图书馆的凝聚力。

电子科技大学：电子科技大学图书馆近年来致力于打造"书香成电"系列休闲阅读活动，其中毕业季活动具有一定的代表性。以 2017 年的毕业季活动为例，主要有"成电格子"——图书馆在馆内为优秀班集体制作"成电格子"，每个优秀班集体将得到一个格子使用权，根据班级特色布置装饰，作为毕业纪念。"写给未知的你·毕业寄语"，图书馆将收集到的毕业生寄语布置在流通服务大厅，供读者免费领取，并在带走祝福之前留下自己给同学们的毕业祝福。"书香成电"，图书馆为毕业生统一开通书香成电账号，作为毕业礼物送给同学们，让书香成电能够成为成电学子们的终身阅读书房，始终伴随左右。毕业班级 VR 体验。"图时光"——图书馆为每位毕业生制作了专属个人的图书馆电子纪念册，记录下同学们在图书馆的点滴。毕业班级定制电影专场——图书馆为本科毕业班准备电影点映专场,留下美好的校园记忆。另外,图书馆还开展了印象·写意画展等休闲体验活动,画展旨在通过展示西方印象派、中国古代写意派艺术大师及其高仿真作品,欣赏画中光色的韵律、疏影的变化,聆听艺术家内心深处的声音,感受他们在创作中"似与不似"的艺术情怀。通过休闲体验的方式培养大学生"新四会"能力,提升大学生人文素质修养与跨界知识的整合能力,丰富大学生校园文化生活。读书月活动中,图书馆也开展了系列休闲阅读活动,营造了爱读书、读好书、善读书的良好文化氛围,树立了文化新风尚。

西安交通大学:读书节系列休闲阅读活动是西安交通大学图书馆推出的具有代表性的休闲活动,旨在通过多种多样的阅读推广活动,让广大师生拾起书籍,于阅读中找寻美好,营造浓郁的书香氛围,丰富校园文化生活。具体的休闲活动包括"钱图光影"——放映以经典图书改编的影片,让参与者感受书籍与电影碰撞的别样精彩。"真人图书馆·人生自有诗意"——邀请校内外多位诗词达人讲述他们与诗词的故事,感悟传统吟诵,与"中国诗词大会"参赛选手比拼诗词。"书斋生存10小时"——参与者将连续10小时在雁塔校区图书馆"经济学人空间"中进行阅读体验,活动使学生主动远离喧嚣,静心阅读,收获阅读带来的喜悦,帮助他们养成良好的读书习惯。"你选书我买单"——在四大发明广场开办人文社科类书展,并由广大师生现场选取期待阅读的书籍,所选书籍将由图书馆统一买单。"钱图搜索趣味活动"——搜寻藏在图书馆各个角落的"宝藏",帮助读者在"寻宝"的过程中学习图书馆检索知识,并熟悉钱学森图书馆馆藏布局。此外,图书馆对毕业季活动也非常重视,通过图情书忆、永不过期的终身"书房"活动,让每一位毕业生牢牢地与图书馆相连,为他们毕业后继续使用图书馆资源提供了平台。

西北工业大学:随着全民阅读的深入,西北工业大学图书馆对开展休闲阅读活动逐渐重视。以其 2017 年读书月活动为例，图书馆携手校团委共同策划了 20 余项内容丰富、形式多样、亮点纷呈且书香味儿十足的精彩活动，活动尤其注重读者的参与度，将休闲体验融入活动的设计中，包括 2017 外文原版书展、创·艺旧书翻新与书签制作大赛、第二届万方杯信息检索大赛、信息素养大讲堂、毓灵阅读沙龙观影会、沙龙系列等休闲体验活动。

兰州大学：兰州大学图书馆近年来持续在世界读书日期间开展了休闲阅读推广系列活动，取得了良好的效果。活动包括毕业生电子贺卡——每年毕业季，图书馆将推出"书香之恋"毕业生电子纪念册，毕业生只要在图书馆主页输入校园卡号和密码，就可以生成毕业生电子纪念册，显示毕业生在图书馆的借阅记录以及对毕业生的祝福等。新语心愿墙——在新生入学或者新生入馆时，可以写下自己大学四年的心愿，贴在心愿墙上，图书馆将精心保存，在毕业时呈现在毕业电子贺卡上。一书一经典名著有奖竞猜——搜集各种畅销书和名著的经典内容，打印在彩色卡上，将卡片悬挂在会场周围进行竞猜。与书相约优秀图书展——兰州大学图书馆联合"纸中城邦"举办"与书相约"书展活动，将优秀图书向师生优惠展销。爱心读者交流会——图书馆和校团委组织兰州大学优秀学生与兰州市中学生交流读书心得和体会，激发中学生的读书热情，锻炼大学生的实践能力。此外，还有胡猛立书法展、图书漂流、书目推荐、阅读之星评选等休闲阅读活动。同时，为了把全民阅读活动深入师生的日常教学和学习中，兰州大学图书馆举办了信息素养大赛、积石堂读书沙龙、独具慧眼原创视频征集、设计新语心愿墙、完善书香兰大阅读网站等活动，努力使全民阅读活动更加丰富多彩。

国防科技大学：国防科技大学图书馆在 2016 年开展的"一校一书——经典、精读、经世"——《平凡的世界》读书心得征文活动，是一次有益的尝试，有效调动了学生参与休闲阅读的积极性。另外，图书馆组织读者参加了第二届湖南省高校大学生英语口说大赛，通过图书馆的公共服务特性、互联网的开放性以及3E智能语音分析的评分机制来举办数字化、网络化的英语口说比赛，使学生通过互联网报名、参赛，不受时间和地点限制地进行比赛。学生透过3E在线的英语口说比赛，实现利用听和说的科学方式来进行英语的学习，有效提高学生的英语水平；通过比赛有效提升图书馆数字资源的使用率，引导学生更好地利用图书馆资源进行自主学习，促进各学校之间学生的交流，分享阅读和学习的快乐。最后，图书馆还开设了各类讲座，引导读者通过休闲活动的方式提升学习和科研能力，讲座内容包括 SCI 的前世今生及常用指标辨析、手把手教你使用 Paper 神器、大话西游：数据助你留学之路、社科研究中的跨学科文献分析与应用等。

东北大学：东北大学图书馆通过现场休闲体验的方式推广移动学习 App，组织了博看数据库现场移动阅读体验活动、"超星学习通 App"现场体验活动等，提供手机和平板电脑等设备让读者现场体验期刊、报纸、图书移动阅读，感受"云阅读"带来的阅读乐趣，让读者以最现代、最快捷的方式，找到自己喜爱的文章和杂志，体验随时随地阅读的乐趣。图书馆还举办了"AI 智生活" IEEE Xplore 科技文献检索达人挑战赛，让同学们迅速熟悉图书馆的检索功能，为学习和科研打下基础。吃货欧洲游有奖答题活动，则有效引起了读者的兴趣，吸引读者走进图书馆。毕业季，图书馆开展了毕业生留言墙寄语活动，为毕业生写下对东北大学图书馆的留言和体会提供平台；开展了毕业生留影纪念活动，为毕业生提供拍照留念的"景点"，留下身影，带走回忆；还开展了毕业生阅读记忆珍藏活动，图书馆依据借阅量选取前十名毕业生到馆，学生可在馆内自选拍照场景，手持"阅读之星"获奖证书，由摄影师跟拍，拍摄结束后，免费为这十名"阅读之星"定制卷轴式纪念相片。此外，图书馆还组织了图书馆掠影征集活动，引导同学们通过相机或手机将暑期中遇见的最美图书馆用光影记录下来，增强了图书馆的凝聚力。

郑州大学：信息时代的阅读是碎片化的，碎片化阅读不利于深入思考，而好的阅读是连续性的，能促成思考。郑州大学图书馆开展了"挑战 24 小时阅读计划"，要求参与者两天内在图书馆阅览室阅读指定书目，具体时间为这两天的早 8 点到晚 10 点，中间有两个小时就餐时间，一天 12 小时，两天共 24 小时。活动指定的阅读书目涵盖文学、国学、历史、哲学、科学、心理学等多个门类，包括国学类的《论语》《易经》，历史类的《全球通史》《英国通史》，文学类的《简·爱》《百年孤独》《平凡的世界》等。活动让大家远离了手机和网络，远离了碎片化阅读，在经典中感受阅读之美，养成深度阅读和阅读经典的习惯。同时，在世界读书日期间，图书馆还举办了"青椒书话"、"读书生"、"图书漂流"、书目征集、"寻找最美阅读瞬间"随手拍、"读好书，享一生智慧"征文等休闲活动。此外，图书馆还举办了国学知识竞赛，比赛题目内容涉及范围广、层次深、难度均衡、贴近生活，引导读者通过休闲的方式汲取知识。图书馆与读书会和九月诗社联合举办了眉湖诗书会，通过这次活动，同学们充分感受到了中华文化的博大精深，源远流长。

湖南大学：为了让读者更多地了解图书馆，参与图书馆建设，科学利用图书馆，湖南大学图书馆开展了读者权益日系列活动，活动内容包括：快乐还书，即过期图书一律免交滞纳金；无忧赔书，即赔偿图书一律按图书原价并免文献信息加工费；自由传递，即免费开展文献传递活动，对所有通过文献传递获得的文献实行专款全额补贴，先到先补，用完为止；达人问卷，即填写图书馆调查问卷，参与图书馆建设，促进图书馆工作；馆员有约，即咨询馆员现场解答读者关于利用图书馆的一切疑难问题；

图书认捐,即在湖南大学教育基金会"校缘筹"平台捐50元以上,即可在图书馆认捐一本图书,永久留下自己的信息。通过这一系列的休闲活动,调动了读者的积极性。湖南大学图书馆与湖南大学教务处联合举办了"潇湘读书人——寻找湖大读书种子"活动,激发了学生的阅读热情,提升了图书馆的影响力。为贯彻落实国家"全民阅读"的决策部署,图书馆与学校职能部门联合开展了"一校一书——经典、精读、经世"阅读推广活动,期望通过开展休闲阅读活动,改善大学生目前存在的阅读意识降低、阅读兴趣减弱、阅读能力下降、阅读品位不高、阅读快餐式、阅读功利性、阅读盲目性等现象,通过线上书目、线下阅读、线下活动、线上参与、跨媒体推荐、全媒体推广等方式,以"一校一书"为切入点,以"经典"为阅读对象,以"精读"为阅读方式,以"经世"为阅读目标,由点带面,推动全校师生员工形成读书好、好读书、读好书、精读书的良好习惯,进而形成全员学习、全程学习、团队学习的读书氛围。

云南大学:云南大学图书馆与银杏文学社、书锦雅社等联合举办了"'溢书香'读者沙龙——东野圭吾书友会",以新颖的活动形式调动了每一位到场同学的积极性,将休闲阅读融入知识学习中。为了让读者更好地了解图书馆,利用图书馆,爱上图书馆,云南大学图书馆面向全校师生开展了面对面辅导读者利用图书馆的体验活动,图书馆老师全面指导读者了解和利用图书馆文献资源,指导读者如何查找、借阅、预约及转借图书,手把手教会读者使用手机图书馆、我的空间、数字图书馆及众多数据库检索等,通过体验式的活动激起读者对图书馆的热爱。云南大学图书馆还和美国SAGE出版公司联合举办了期刊数据库有奖问答活动,通过竞赛的方式帮助读者尽快掌握数据库的使用技巧。

西北农林科技大学:西北农林科技大学图书馆专门设立了"阅创空间"。阅创空间由南校区图书馆二层东侧的一个电子阅览区改造而成，是为了更好地服务教学工作，拓宽图书馆的服务功能，适应大学生新的学习需求，旨在为广大师生提供一个相对独立、方便、舒适、优雅的阅读学习、交流研讨、知识再造和创新创业的活动场所。阅创空间是专门针对读者休闲需求所开设的空间，空间共 11 间，其中小型培训会议室 2 间、多媒体编制室 1 间、科研工作室 1 间、小组研讨室 6 间、学术报告厅 1 间。阅创空间配备了包括投影、多媒体制作、打印复印扫描、书写白板、液晶显示屏、四联屏电脑等设备，所有房间均提供带有线网络端口和电源的学习台，可满足使用自带设备的要求，整个空间区域免费无线覆盖。在 2017 年世界读书日期间，图书馆联合重庆维普资讯有限公司，利用手机客户端举办"唯知识普天下"阅读推广活动，引导和鼓励同学们养成多读书、读好书的良好习惯，进一步推动了书香校园建设，丰富了校园文化生活。

新疆大学：新疆大学图书馆在 2017 年读书月活动期间，开展了移动知网早起签到的休闲活动，通过在知网平台签到，促进了大学生更好地利用学校文献资源为自身的学习和科研服务。为了充分发挥图书馆的资源优势和传播文化的阵地作用，给大学生营造一个激发创新创造的成长空间，新疆大学图书馆设置了创意空间，通过提供场地、办公配套、创意培训等一系列综合服务，致力于孵化、培育一批创意类项目，起到传承文化、传播知识及带动引领作用。为促进新疆大学的精神文化发展，建设和谐书香校园，图书馆举办了"捐书刊、献爱心"活动，号召全校师生从我做起，立即行动起来，把自己闲置的图书、杂志捐赠出来，通过图书馆渠道把捐赠的图书转化为新的能量，实现资源再利用。这项公益休闲活动符合党中央、国务院关于"构建和谐社会""建设节约型社会""发展循环经济"的精神，从收集和利用身边的书刊入手进行资源再利用。

第 4 章　高校图书馆休闲功能开发存在的问题

4.1　缺乏以读者为中心开展休闲服务的工作理念

"读者至上、服务第一"是众多高校图书馆的服务理念，但囿于高校的基本任务——教学科研，图书馆的各项工作主要围绕教学和科研展开，休闲功能只是在满足了教学和科研需求之外，有富余经费和精力的基础上才会被考虑的功能之一。如前所述，随着社会经济的发展，大学生已不满足于仅仅在图书馆看书和学习，休闲需求已成为他们的重要需求之一。高校图书馆应正视读者的这一需求，在馆舍空间建设与阅读活动开展中纳入这一需求。

"读者至上、服务第一"应该体现在高校开展的休闲阅读活动中。就目前而言，许多高校图书馆并没有对大学生休闲阅读需求和休闲阅读兴趣进行调查，在开展休闲阅读活动时过于形式化，脱离了读者的需求与活动的初衷，这使得休闲阅读推广活动虽然经过了多渠道宣传，但是读者参与度非常低，最终影响图书馆休闲功能的开发。

4.2 基础设施不能满足休闲阅读的需要

高校图书馆休闲功能开发滞后的重要原因之一，即为基础设施不完善。虽然近年来高校图书馆已在一定程度上将开发休闲功能的需求融入馆舍改造中，但一流高校普遍有较悠久的历史，主要坐落于全国各主要城市内，因此占地面积有限，随着大学的扩招等，高校有限的面积主要用来扩建教学楼、学生宿舍等，鲜有高校对图书馆额外重视，分配较多的馆舍面积。在这样的背景下，图书馆有限的面积主要用来承担阅览、流通、书库等功能，近几年发展起来的休闲功能也就难以获得更多的物理空间。

4.3 管理制度亟待完善

管理制度的不完善主要体现在没有成熟的休闲阅读推广主体机构、主导的馆员队伍不完善以及图书馆内部各部门的不协调等。具体而言，主要体现在以下几方面：第一，主体机构不明确。目前我国许多高校图书馆并没有成立专门负责阅读推广活动的主体机构，主体机构的缺失已经成为影响高校阅读推广的关键因素。部分高校承担休闲阅读推广活动的主体是学生志愿者或者社团，学生相对缺乏专业知识，图书馆也未完全尽到指导责任，因而使图书馆休闲功能的开发有所滞后。第二，主导的馆员队伍不完善。主导休闲阅读功能开发的馆员应该是专业的图书馆馆员，但目前许多高校对这支队伍的重视程度不够，没有对馆员进行专业训练，也没有适合的能力提升计划等。第三，图书馆内部各部门的不协调。休闲阅读推广的主体机构不明确，导致阅读推广部门与图书馆其他部门工作衔接不畅、合作不充分，图书馆内部流通、采购、宣传、学科服务部等部门缺乏良好的沟通机制，图书馆馆员也就无法很好地利用流通数据分析不同学科读者的阅读需求。

4.4　休闲阅读活动开展方式同质化严重

高校图书馆开展的休闲阅读活动同质化严重主要体现在这些活动均能囊括在仪式类、讲座类、竞赛类、展览类、活动类、组织类和其他类等七类活动的框架内。虽然各高校图书馆不断发展创新，结合自身特点开展了丰富多样的休闲阅读活动，但跳不出既定的框架。究其原因，一为各高校图书馆的功能相同，面对的读者群体也主要为本校师生；二为高校图书馆物理空间有限，创新的活动大多通过新媒体开展。因此，在同样的功能指导下，面对同类型的读者，各高校图书馆很难做到具有突破的创新性休闲阅读推广，能做到的仅仅是根据自身学校的条件稍稍改变休闲阅读推广方案。这直接导致了各高校图书馆的休闲阅读活动竞争力不足，创新性不够，难以在众多高校图书馆中脱颖而出。高校图书馆必须深度挖掘自身的优势，并且将优势与休闲阅读活动相结合，打造属于自身的品牌活动，才能在此问题上有所突破。

4.5　开放时间不合理

目前国内高校图书馆的开放时间主要分为以下三类：（1）教学周周一至周五：早上7点到晚上10点；（2）教学周周末：早上9点到下午6点；（3）节假日及寒暑假：闭馆或开放有限的空

间半天。可以看出，在教学周内图书馆开放时间超过了 90 小时，达到了《普通高等学校图书馆规程》所规定的"图书馆在学校教学时间内开馆每周应不低于 90 小时"。但是这也仅仅是达到了有关规定而已，并不完全适合高校图书馆休闲功能的开发。众所周知，目前大学生周一至周五的学业安排是较为丰富的，主要的休闲活动则集中在周末，但国内图书馆周末的闭馆时间大多较早，部分高校图书馆甚至下午 5 点就闭馆，这不利于休闲阅读活动的开展。节假日及寒暑假期间，部分高校图书馆选择了闭馆或只开放很有限的时间，如中国农业大学图书馆 2017 年暑假的开放时间为每周一、周四早上 9 点到下午 5 点，每周只开放两天。综上，目前高校图书馆的开放时间还停留在仅仅围绕教学科研服务上，忽略了大学生及教职工的文化休闲需要，不利于平时学业繁忙，仅能在周末或节假日到图书馆的学生或教职工进行休闲阅读。

4.6 国内学者对高校休闲阅读的研究不够重视

目前国内学者对休闲阅读的研究较少，本研究主要查阅了 CNKI（China National Knowledge Infrastructure，中国知识基础设施工程，是以实现全社会知识资源传播共享与增值利用为目标的信息化建设项目，由清华大学、清华同方发起，始建于 1999 年 6 月，是目前国内收录文献较为全面的数据库之一）中的文献，以主题＝"休闲"and"阅读"进行查找，共计 562 篇文献，再增加主题＝"高校"or"高等学校"or"大学生"，查询到涉及高校图书馆休闲阅读的文献 45 篇，仅占 8%。结果表明，国内学者对休闲阅读的重视程度不够，相较于其他阅读推广的研究，占比非常低；在有限的休闲阅读研究中，其主要研究对象为公共图书馆、电子图书馆等，专门以高校图书馆为研究对象的文献则少之又少。

4.7　图书馆对休闲类图书的认识存在误区

何谓休闲类图书，国内并无统一的定义。传统上，将人文风情介绍、地理图册、旅游类、体育健身等增广见闻、提升综合素养、不需要进行深层次思考的图书归为休闲类图书。高校图书馆大多也是按照约定俗成的观念对休闲图书进行布局、界定的。阅读的方式多种多样，同样，对于不同的人群，休闲书籍的概念也是不同的，某些图书对某一类读者属于学习研究类，而对另一类读者则属于休闲类，因此，图书馆界在如何把握休闲图书的界定中应因地制宜，针对不同的读者群体有不同的界定。

4.8　缺少提供休闲服务的专项经费

根据教育部高等学校图书情报工作指导委员会发布的2015年高校图书馆发展情况中经费的统计数据，2015年高校图书馆总经费的平均值为567.7万元，与2014年相比减少了13.1万元；2015年的极差为6002万元，比2014年更大，表明我国高校图书馆年度总经费的差距依然巨大，投入极不均衡，但这种不均衡状况呈现出年度差异。在总经费中，2015年高校图书馆文献资源购置费的平均值为490.2万元，高于2014年的481.1万元，延续2008年以来的持续走高趋势。文献资源购置费排在前五位的是：武汉大学图书馆（约4564.1万元）、中山大学图书馆（约4284.5万元）、四川大学图书馆（约4048.6万元）、华中科技大学图书馆（约 4021.9 万元）、浙江大学图书馆（约 3914.3 万元）。从另一方面来看，2015 年高校图书馆总经费的平均值为 567.7 万元，文献资源购置费的平均值为 490.2 万元，即高校图书馆除文献资源购置费外，用于馆舍维修、馆员培训与能力提升、各项功能开发等方面费用的平均值仅为 77.5 万元。作为高校图书馆，在经费使用上肯定是优先考虑图书馆传统的基本功能与社会功能，而休闲功能作为新兴的、目前处于边缘地位的功能，自然而然无法得到较多的专项经费，这是目前高校图书馆休闲功能开发中存在的重要问题之一。

第 5 章　高校图书馆休闲功能开发滞后的成因

5.1　历史原因

如前所述,"图书馆"这一专有名词是我国学者于 19 世纪末期从日本引入的,虽然我国历史上没有"图书馆"这一词汇,但与"图书馆"类似的如"府""藏书楼""藏书室"等从西周时期便已存在。图书馆这一性质的机构在近现代以前的几千年中,其主要功能为收集、整理与储存有关的文献及图书资料,并为一定的人群提供服务,这一人群从最初的帝王、高官贵胄逐步演变为文人、学者、士大夫以及其他珍爱藏书的富人等。针对上述人群,图书馆的主要服务职能均不是休闲职能。在我国的历史长河中的某一阶段,图书馆不是为开展休闲活动而存在的场所,而是服务于上层社会的机构。因此,几千年以来,人民群众对图书馆的观念一直是神圣、严肃的学习知识的殿堂,并不会将休闲活动与图书馆相联系。

近代以来,由于西方列强的入侵,我国闭关锁国的状态被打破。鸦片战争打破了清政府自给自足的封建经济状态,同时也彻底改变了中国的社会性质;第一次世界大战与第二次世界大战期间,中国遭受了前所未有的创伤。在这一时期,我国图书馆在饱受战乱之苦的同时,引入了西方图书馆的先进经验,逐步建立起具备采访、编目、流通、阅览等部门的近现代图书馆,还在原有的功能上增加了"读者服务"这一功能,并将之作为中心开展工作。

虽然近现代图书馆已从私人机构转变为公共机构,围绕"读者服务"开展的工作也从为自己服务转变为为公众服务,但这一时期图书馆的主要职能为传播知识、普及文化,休闲职能仍然不在图书馆提供服务的范围内。

5.2 体制原因

中华人民共和国成立初期,我国图书馆形成了一套以"政策、法令、制度、垂直指挥"为特征的管理制度。在这一制度下,图书馆是非常神圣、严肃的机构,图书馆的工作人员是管理人员,而不是为读者提供服务的服务人员。改革开放以来,伴随着社会、经济的发展,人们逐步具备了开展休闲活动的条件,同时也向往将更多的空闲时间用于开展休闲活动。但是长期以来的管理体制,导致了图书馆对自身的定位仍然为以教育职能为中心,而且对于高校图书馆来说,其不仅是学习知识的场所,更重要的是我们党的思想政治教育阵地,加之图书馆工作人员长期的"管理者"身份,图书馆开展休闲活动更是难上加难。

5.3 高校图书馆正处于功能变革转型期

进入21世纪后,我国的国民经济保持高速的增长态势,国民的收入稳定增长。国家统计局的统计资料显示，2015年我国居民人均可支配收入为31195元人民币，较2000年的6280元人民币上涨了400%左右，随之而来的是高校学生生活费与教职工收入的逐步增加。同时，学生与教职工除学习、科研、教学外，用于休闲活动的时间也逐步增加。图书馆作为高校重要的第三空间，是满足学生与教职工休闲需求的重要场所。

21世纪以来，高校图书馆领导层已注意到这一现象，并且做出了相应的转变，比如在图书馆内增设电子阅览室，增设研讨室，方便学生交流等。但是囿于正处于转变初期，图书馆的休闲职能还在量变的集聚中，未达到质变的临界点，因此在大众的印象中，图书馆并不是开展休闲活动的首选场所。

第6章　高校图书馆休闲功能开发的措施

6.1　物理空间的休闲开发

6.1.1　以实现休闲功能为导向的阅览室改造

阅览室是图书馆的基础服务设施之一，是接待读者量最大的区域，是读者在图书馆活动的最主要场所，是联系图书馆和读者的主要渠道。由于历史原因，我国高校图书馆在建立初期，阅览室的主要功能是为读者提供阅读文献资源，是学习的场所，因此阅览室的布局与设计也与此功能相匹配。随着图书馆休闲功能重要性的逐步体现，阅览室也应该做出相应的改变，由传统的功能单一的阅览室逐步转变为现代的复合型阅览室，目前已有部分高校将阅览室改名为阅览空间。因此，图书馆阅览室或阅览空间有必要充分考虑不同读者、不同功能的需求，对现有空间进行优化布局与设计。

为打造以休闲功能为导向的阅览室，应从以下方面进行优化与改造：

(1) 朝向。

在我国古代，藏书楼、藏书阁等图书馆性质的建筑的主要功能是"藏"，"用"比较少，因而坐北朝南修建，这样能够有效利用自然条件保护藏书。现代图书馆基本依靠人工照明和人工通风，因此并没有完全按照坐北朝南的方位建造，阅览室也因此有着不同的朝向。休闲活动的开展对采光与通风的要求较高，在自然的环境下，读者能够更放松、更自在，因此，应将图书馆内南北朝向的房间用于建立阅览室，这样不仅能为读者提供一个更加自然的休闲环境，而且有利于减少室内空气污染和节约能源。

(2) 层高、柱网及荷载。

层高、柱网及荷载是建造现代化图书馆的三大要素。在目前集藏、借、阅、咨功能于一体的图书馆中，阅览室普遍为大开间设计，因此对层高、柱网及荷载的要求较高。层高太低，会让读者产生压抑感；层高太高，则会不利于照明、通风等设备的安装。由于阅览室是大开间设计，因此如果柱网密度太低，则会大大增加建筑成本及后期安全隐患；柱网密度太高，则会影响读者休闲阅读的体验。荷载是指楼面单位面积承受重力的强度，在集藏、借、阅、咨功能于一体的图书馆中，阅览室的荷载应与书库、密集架楼层相同。总体来讲，应达到层高、柱网及荷载三统一。如北京大学图书馆新馆层高 4.5 米，采用 7.5 米×7.5 米柱距，荷载统一为 500 公斤/平方米，较高的层高和较大的柱距为新馆建成大开间阅览室提供了保证。唐山师范学院图书馆采用了三统一模式：层高 3.2 米，采用 7 米×7 米的柱距，荷载 500 公斤/平方米，较好地满足了一体化大开间的需要。

(3) 面积。

以实现休闲功能为导向的阅览室，首先应该具有较大的房间面积。如果面积过小，面对日益增多的大学生读者，势必要开放更多的阅览室，将加大图书馆人、财、物资源的投入。大空间的阅览室,能够同时容纳更多的读者,也能够摆放更多的休闲类书籍,引导读者进行休闲阅读。当阅览室面积在 1000 平方米左右时,可摆放开架藏书 8 万册,安排座位 500 余个。如中国农业大学图书馆采用模数式设计,每个借阅一体的大开间面积达 1600 平方米,大大便利了读者的使用。

(4) 灯光与照明。

如前所述,完全利用自然采光进行照明的现代图书馆鲜有,几乎所有图书馆都是采用人工照明,因此灯光与照明的设计尤为重要。休闲型阅读的灯光应与学习型阅读的灯光有所不同。学习型阅读要求光源稳定、亮度充足、光线分布均匀、光谱接近日光、防止炫目等,保障读者长时间的学习。休闲型阅读则要求针对不同的休闲活动,灯光和照明进行相应的变换以配合休闲阅读。目前高校图书馆阅览室采用的照明方式普遍分为三种,即全面照明方式、局部照明方式、综合照明方式。考虑到休闲阅读的开展,应采用全面照明方式,让阅览室的每一处都能均匀地接受照明,但同时安排多灯组,在需要的时候及时改变。灯具的选择也非常重要,不应使用千篇一律的日光灯造型,而应该在色彩、造型、式样等方面与阅览室的整体风格相称,彼此呼应。但如果只注重灯的造型、样式,而忽略了灯的实用价值,那么华而不实的灯饰非但不能锦上添花,反而可能画蛇添足。

(5) 色彩。

阅览室的色彩选择对于休闲功能开发至关重要,色彩是阅览室带给读者的第一印象。不同的色彩能够给读者带来不同的感受,在各种色彩中,红色热烈,黄色明朗,绿色安静,白色纯洁,蓝色冷静,黑色深沉。因此,以休闲功能为导向的阅览室,其设计应以鲜艳色彩的搭配带给人视觉上的冲击感,摒弃传统阅览室整体白色或整体灰色的设计,给读者一种与众不同的感觉,让读者能够在这样的环境中深度休闲阅读。比如可以使用彩色地坪，包括彩色自流平地坪、彩色环氧水磨石地坪、彩色地坪漆地坪、彩色地胶等，再搭配上同色系的软沙发垫，放置于地面之上，干净无菌的地面就成了读者们的椅子，可以随意地坐在上面进行休闲阅读。这样的色彩搭配既迎合了读者的需求，又提升了阅览室的文化品位。

6.1.2　完善观影听音等休闲场所

高校图书馆休闲功能的实现离不开观影、听音等活动，因此需要建立合适的场所。而建立这样一个场所，需要同时考虑硬件设施和软件设施的建设，这两个方面综合决定了读者对影音资料的利用率。环境良好的影音室配合适合休闲阅读的影音资料，将显著提升对读者的吸引力。

（1）硬件设施。

硬件设施即影音室的设备配置。各高校图书馆应根据自身的读者情况配备相应数量的设备。总体来讲，应考虑到读者对影和音的不同需求，分别建立观影室和听音室。观影室的主要功能为电影观赏、文学讲座交流、会议录播以及专家网络授课等，因此需要购置实现这些休闲功能的设备如电脑、音响、解码器、电影播放器、投影仪、幕布等；听音室的主要功能是满足读者对音乐或外语学习等的需求，因此需要购置电脑、耳机、复读机、数字音频播放器等设备。

（2）软件设施。

软件设施即影音资料。在图书馆的影音室，读者只能享用图书馆提供的视频和音频资料，而这些资料必须经过专业馆员的审核，确保传播的都是积极健康的思想。视听资料是图书馆文献资源建设的一个重要组成部分，是视听室为读者服务的物质基础。确定视听资料的收集范围与类别，主要应根据高校的教学科研需要和读者的需求，有目的、有计划地收藏，避免盲目性。收集的影音资料主要包括 DVD、CD、唱片、有声读物等。在收集时主要从以下四种途径展开：首先是自购，图书馆根据读者的休闲需求，向各出版发行商有计划地购买相应的影音资料，这是图书馆声像资料建设的主渠道；其次是馆际交换，通过馆际交换可弥补本馆的缺藏情况；再次是接受赠送，其中包括个人、学术机构和出版发行单位的赠送；最后是复制，主要是对那些极具收藏价值又有较高学术水平，且在市场上买不到的影音资料进行复制。

（3）有效的宣传。

在建立了影音室的基础上，还必须通过各种宣传途径如微信、微博、海报等详细介绍图书馆的影音室功能以及图书馆的馆藏影音资料，让读者了解影音室，了解馆藏的影音资料，以及如何有效使用影音资料为自身的学习、教学和科研服务，如此才能充分发挥这一场所的休闲功能，切实服务读者，促进图书馆休闲功能的开发。

6.1.3　打造咖啡、茶等专题阅览室及活动空间

咖啡、茶等产物具有悠久的历史，有大量关于它们的研究，也有大量的爱好者。我国是茶的故乡，也是世界茶道的发源地，随着时代的发展，茶文化被赋予了新的内涵。高校图书馆可以收集、整理相应的文献，建立专题阅览室统一存放，供读者阅览。专题阅览室的建立能够充分发挥图书馆的文化休闲功能，能够为读者营造一个文化空间，人们在图书馆读书之余可以享受到现代图书馆的文化休闲服务，这极大地拓展了图书馆的服务方式。

在阅览室的旁边还应打造专门的咖啡吧、茶吧等活动空间。活动空间具有以下三个休闲功能：第一，提供咖啡、茶、点心等饮料和食品。读者在阅读疲乏后，在这里点上一杯茶、一杯咖啡，配上一块点心，可以彻底放松身心。第二，提供娱乐消遣。除了提供茶水点心外，活动空间还应该提供各类桌游、象棋、军

棋等游乐设施，为读者提供多元化的休闲娱乐方式。第三，社会交往的环境。活动空间的另一个重要功能是社会交往。读者到活动空间除了休闲，更渴望的是与他人的交往，通过品咖啡、品茶、桌游等活动，找寻一种认同感，建立与他人的社交联系，实现个人目标。

打造咖啡、茶等专题阅览室及活动空间，首先是经费投入，指派专人购置相应的纸质文献资源和电子文献资源，有了文献资源才能丰富阅览室的馆藏，才能从根本上吸引到读者。将读者吸引进阅览室后，还要选择专业能力过硬的职工对茶、咖啡、点心等的原料进行采购、调配和制作，保证食品安全。其次，高校图书馆建立的咖啡吧、茶吧不同于社会中的营业场所，图书馆是一个温馨、优雅、明亮的知识海洋，读者主要是大学生，消费能力不强，因此产品的定价不宜过高。最后，为减少饮料、食品对图书馆的污损，必须建立较为严格的管理机制，在提供高质量休闲服务的同时保障图书馆的权益。

6.2　虚拟空间的休闲开发

6.2.1　开展丰富多样的休闲类讲座活动

讲座作为图书馆开展休闲活动的重要载体之一，经过近年来逐步的发展与完善，在实际应用中取得了一定的效果。因此开发休闲功能，必须将讲座的开设进行科学合理的规划。首先是讲座信息的传播。高校图书馆讲座的受众主要是本校师生，图书馆不仅可以通过海报、展板、微信、微博、图书馆主页等进行宣传，还可以搭建专题讲座网站并设立专家访谈、读者交流、讲座主题的扩展等栏目，提供讲座视频点播订阅服务，扩大讲座的影响力。其次是开设类型丰富的讲座。不同学科、不同年级的读者对讲座类型的需求有较大的差异，因此，高校图书馆必须保证讲座类型的多样化以吸引不同类型的读者，如青春励志演讲、人文讲座、科学讲座、艺术主题讲座等。再次是提升讲座的数量与质量。讲座的数量不仅意味着图书馆对于讲座的建设投入，同时也意味着读者对于图书馆举办讲座的可选择性，而质量的提升可以吸引到更多的读者。最后是多渠道开设讲座。讲座的形式可分为现场讲座和在线网络讲座。现场讲座受限条件较多，一般需要一定的场地支持、若干工作人员的现场组织、主讲人的现场演讲等，而读者也需要到现场参与。在线网络讲座则受限较少，只需要可以连接到网络的设备即可，读者可以在办公室、教室、家中等任意地点观看讲座视频，极大地方便了读者参与。

6.2.2 举办内容丰富的展览活动

高校图书馆的展览不同于企业或社会展览，通常是指借助图书馆的区位优势和资源，通过展品陈列、技术展现等方式，展示与高校教学、科研相关的展览主题内容。这类展览活动能够在短时间内为图书馆聚集大量人气，吸引更多的潜在读者到馆阅读。图书馆举办展览的核心目的在于通过展览吸引读者，这就需要首先对读者的需求进行调研，掌握读者的看展意愿；其次根据展览的场所特点进行布局，最大化利用空间摆放展品。简而言之，在举办展览活动时，必须进行准确的策划与规划，包括从构想、分析、归纳、判断，一直到拟定策略、方案的实施、事后的追踪与评估过程。图书馆举办的展览应涵盖多方面的内容，包括历史、艺术、科学、人文、经济、设计等，展览的资源可以是图书馆的馆藏资源，也可以是其他机构或个人的作品。如图书馆可以对馆藏资源进行发掘、甄选、组织，以全新的角度进行展览，不仅可以通过展览让读者更加深入地了解图书馆的文献资源，同时也是对图书馆文化内涵与服务理念的展示。在新媒体时代，展览不能仅仅局限于实体展览，还可以通过微信、微博、移动终端等新媒体开展。实体展览不仅受到时间、空间和参与便利性的限制，而且对展示介质有着非常高的要求。新媒体则完全不受此限制，可以看作是实体展览的有效拓展与延伸。

6.2.3　开展线上线下竞赛活动

高校图书馆应扩大竞赛活动的主题范围，增加竞赛活动的种类。目前高校图书馆开展的竞赛活动主要包括数据库利用竞赛、图书馆知识竞赛、学校知识竞赛、图书馆资源利用竞赛等。通过这些竞赛活动，能够丰富参与者的知识储备，激发参与者自我学习、利用图书馆资源的热情。同时，因为竞赛的竞争性，能够有效激发参与者的上进心，培养他们奋力拼搏、勇往直前的优秀品质。但高校图书馆开展的竞赛活动主要为线下竞赛，对线上竞赛活动的开展还不够。

开展线上竞赛活动的平台主要有微博、微信等，通过开展"线上+线下"的竞赛活动，既推广了图书馆的官方微博、微信，提升了公众号的关注度，为今后宣传推广图书馆资源凝聚了用户群，又简化了流程，增强了与读者的互动，使比赛的时间更加紧凑，赛制也更加完善。从当前的发展趋势来看，线上与线下相结合的竞赛体制将是一种必然的发展趋势，因此，图书馆应利用好各种资源，适时开展各类休闲竞赛活动并引导读者参与其中，让竞赛活动成为图书馆休闲功能开发的有力抓手之一。

6.2.4　组织精彩纷呈的休闲体验活动

开展休闲体验活动主要是通过丰富多彩的实践活动，让读者主动参与、亲历探索，通过观察、思考、合作、感悟，收集和处理信息，分析和解决问题，从而获得新知识的过程。通过这一过程，一方面读者能够从阅读中享受终极满意的体验，从而增强阅读兴趣，形成对阅读产品、服务及其品牌的偏好，全面提升满意度与忠诚度；另一方面，读者通过参与体验活动融入图书馆设计的不同主题活动中，对产品和服务产生不同的情感和感受，这种非同质化的无形价值具有良好的口碑营销效应，有助于图书馆品牌的塑造。开展休闲体验活动，主要集中在以下几种方式：一是动手做，如动手做实验、场景再现、手工制作、美食制作等；二是观察，如观察动植物生长规律、动植物形态等；三是欣赏，如听书，观看表演、剧目、电影，欣赏音乐会、歌剧等；四是表演，如朗诵、讲故事、角色扮演等；五是游戏，如阅读竞赛、诗歌赠答、对对子、你问我答等；六是身心体验，如运动、文化行走等。开展这些活动的前提应该是以"读者"为中心开展调研，根据调研结果有针对性地制订适合自身情况的体验方案，不断改进和创新体验形式。

6.2.5 成立休闲阅读读者俱乐部

成立读者俱乐部的核心目的是促进具有相同兴趣爱好的读者的交流。读者俱乐部应该在图书馆老师的指导下开展工作，除了实现核心目的外，还应达到以下目标：调动高校学生读书的积极性，活跃校园学习氛围，引导学生多读书、读好书，并且通过理论与实践相结合不断提高俱乐部成员的社会交往能力，同时使成员的大学生活更丰富多彩，更有意义。读者俱乐部可以是线下俱乐部定期交流，也可以是QQ群或微信群等在线即时交流。读者俱乐部可以通过针对不同类别的书籍，组织策划丰富多彩的读书活动，让成员在阅读前、阅读中和阅读后进行交流和分享，立体化地开展活动，从而吸引到更多的读者，扩大影响力。同时，还可以将图书和电影结合，让成员感受到文字和影像相结合的双重体验，更好地理解书籍的创作。

6.3 人文空间的休闲开发

6.3.1 树立图书馆具有休闲功能的意识

新时期的图书馆开发休闲功能是必然趋势，图书馆领导层应及时调整战略思路，摒弃图书馆仅仅是为教学科研服务，是严肃的学习场所这一理念，树立起图书馆具有休闲功能的意识，也可以开展休闲阅读、休闲体验等休闲活动。要树立这一意识，具体应从以下三个方面进行：

（1）转变观念，与时俱进。

图书馆作为一个神圣的文化殿堂，自古以来都是非常严肃的学术场所，大众也早已习惯了图书馆庄重而严谨的氛围，不会轻易与休闲联系到一起。但在信息化的新时期，这种意识严重制约了图书馆的发展。休闲功能的开发不仅是新时期图书馆发展的必然趋势，而且是提升图书馆综合竞争力的必然选择。图书馆应与时俱进，强化以人为本的休闲服务理念，在环境设计、活动开展等方面应处处从读者的休闲需求角度出发，切实转变观念，营造图书馆的休闲氛围。

（2）多渠道宣传休闲活动。

随着全民阅读活动的开展，各高校图书馆已进行了不同程度的宣传，但总体上还需要进一步加强。合理的宣传可以让更多的读者了解图书馆的休闲功能，引导读者参与到图书馆休闲活动中并提高对图书馆资源的利用度。目前高校图书馆宣传休闲活动主要通过新媒体、宣传海报等渠道，通过宣传能够有效地让读者了解图书馆资源应该如何运用，引导读者进行休闲阅读。世界读书日的响应能够反映出我国高校图书馆近年来所做的努力，各高校图书馆每年在世界读书日期间开展了丰富多样的休闲阅读活动，在一定程度实现了联合国设定此纪念日的目的：希望散居在世界各地的人，无论是年老还是年轻，无论是贫穷还是富裕，无论是患病还是健康，都能享受阅读的乐趣，都能尊重和感谢为人类文明做出过巨大贡献的文学、科学、思想大师们，都能保护知识产权。但是纵观各高校主页以及各大媒体，专题报道图书馆休闲阅读活动的新闻不多，说明高校图书馆在这方面还应该多做努力，多渠道、多形式地推广图书馆的休闲阅读活动，吸引更多的潜在读者走进图书馆。

（3）有效开发休闲功能的组织保障。

高校图书馆领导层树立图书馆具有休闲功能意识的重要体现之一是为实现休闲功能提供一系列组织上的保障。高校图书馆应充分考虑本校读者的休闲需求及可接受的休闲服务类别，通过前期调研等掌握读者需求后，有的放矢地提供保障。具体的组织保障主要体现在以下五个方面：第一是专项经费，经费是图书馆打造休闲功能的有力保障，只有具备充足的经费才可能顺利实施各项休闲活动；第二是资源采集，要把休闲类图书纳入其中，为读者的休闲阅读提供多样化的选择；第三是资源的配置，要合理规划资源，让用户可以轻松地享受到休闲资源；第四是休闲服务，要做到以用户为主导，提升休闲服务的水平；第五是对外合作，要围绕图书馆的休闲理念与各有关单位进行合作，并且在合作中做到积极主动。

6.3.2　制定图书馆休闲功能开发政策

政策是指国家政权机关、政党组织和其他社会政治集团为了实现自己所代表的阶级、阶层的利益与意志，以权威形式标准化地规定在一定的历史时期内，应该达到的奋斗目标、遵循的行动原则、完成的明确任务、实行的工作方式、采取的一般步骤和具体措施。具体到图书馆休闲功能的政策，本书将其定义为图书馆在一定的历史时期内制定的与图书馆休闲功能开发有关的方针政策、法律法规、行业规范等，对图书馆开发休闲功能起着引导、规范和调节作用，决定着图书馆休闲功能发展的规模、速度和质量，是影响图书馆休闲功能开发的关键因素。

完善的图书馆休闲功能开发政策应该从以下两个方面考虑：

（1）教育部高等学校图书情报工作指导委员会出具行业规范。

高校图书馆的指导性行业协会是教育部高等学校图书情报工作指导委员会，因此，要推动图书馆休闲功能的开发，行业协会必须出台相应的规范政策，起到纲领性的指导作用。包括对从事休闲阅读、休闲活动推广等的专岗馆员提出知识储备要求规范、专业技能要求规范等，通过实施一系列的规范政策，为图书馆休闲功能开发提供制度保障。

（2）各高校图书馆具体化执行政策。

各高校图书馆具体化执行政策是围绕着休闲功能开发自由展开的。不同地区、不同类别、不同规模的高校图书馆需要开发的休闲功能也不尽相同，因此，在具体执行时必须因地制宜，根据实际情况建立具体化的执行政策，避免一刀切，切实以休闲功能开发为抓手推动图书馆事业的发展。

6.3.3 建立匹配休闲功能开发的馆员队伍

在推动图书馆事业可持续发展的各项资源中，人力资源是最重要、最宝贵的资源。以实现休闲功能为导向，科学、合理地配置和调控这一关键资源，是图书馆在新时代背景下开发休闲功能的关键举措。由于历史原因，我国图书馆缺失资格准入制度，传统图书馆对馆员的能力要求不高，这在一定程度上造成了图书馆馆员水平参差不齐、整体素质不高的现状。在这一背景下，建立匹配休闲功能开发的馆员队伍可从以下六个方面着手：

（1）以休闲功能开发为目标，建立适合的现代人力资源管理制度。

现代人力资源管理是与传统人事管理截然不同的科学的管理制度。传统人事管理来源于我国长期的计划经济体制模式，这种管理制度只见树木不见森林，只强调人事管理本身的管理功能，与企业的发展战略相脱离。现代人力资源管理认为人力资源是企业的第一资源，是企业获得竞争优势的根本因素，是关系企业生死存亡的重要条件，包括人力资源规划、人员招聘与配置、培训开发与实施、绩效考核、薪酬福利、员工关系管理等六个模块。因此，就图书馆而言，以休闲功能开发为目标的人力资源管理，就是要在上述模块中嵌入"休闲"这一核心元素，围绕"休闲"来实施人力资源管理中的系列政策。通过制定并严格实施现代人力资源管理制度，可使馆员本人的综合能力得到提升并且获得成就感，图书馆也能得到可持续的发展。

（2）切实做好休闲类人才规划。

实现图书馆的休闲功能，最重要的是休闲类人才的人力资源规划，只有在有"人"的基础上，才谈得上后续的薪酬、考核等事项。因此，图书馆需要掌握在开发休闲功能过程中对休闲类人才的需求情况，并预测休闲功能开发较完善的情况下的人才需求情况，做到有计划地逐步调整馆员分布状况，为图书馆对休闲类人才的考核录用、培训开发、晋升、调整、薪酬发放等提供可靠的信息和依据。简而言之，休闲类人才规划就是要保障图书馆休闲功能得以顺利实现，同时馆员个人能力得到提升。具体而言，需要从以下三个方面进行规划：首先是休闲类人才的数量规划。依据图书馆休闲功能的发展情况、工作流程和组织结构等因素，确定休闲部门各类人员的配比关系或比例，并在此基础上制订未来一段时间内图书馆休闲类人才的需求计划。其次是休闲类人才的质量规划。目前我国的全民阅读开展得如火如荼，对休闲阅读活动的质量提出了更高的要求，同时也要求休闲类人才具备更高的综合素质，图书馆要根据不同岗位馆员应具备的素质、行为能力、行为标准等，制定详细的人才质量规划。最后是休闲类人才的结构规划。休闲部门应根据高校规模的不同、发展战略的不同，对部门人力资源进行分层分类，同时设计和定义各级人才的职能、权责权限等，从而理顺各级馆员的发展定位和相互关系。以上三种规划能够更深入地指导图书馆对休闲类人才的总体规划、晋升规划、招聘规划、培训规划、调配规划等。

（3）制定科学合理、切实可行的休闲馆员开发与管理机制。

图书馆持续推进休闲功能的开发，核心是要建立起两个相互关联的机制：一是积极的休闲馆员开发机制；二是有效的休闲馆员管理机制。

就积极的休闲馆员开发机制而言，如前所述，休闲馆员的专业知识和技能更新能力以及综合素质，将决定图书馆休闲活动的创新性和竞争力，因此图书馆应将提升休闲馆员的能力纳入人力资源管理的常规任务。但图书馆的人力、财力和物力资源都是有限的，因此需要有侧重地进行人力资源开发以获得最大回报率。具体而言，一是重点开发和培训具有休闲类专业知识和技能的专岗馆员，二是采取内部人才培养和外部人才引进相结合的人力资源开发方式，两者在实现图书馆休闲功能开发目标方面并不矛盾，而是具有很强的互补性。目前，不论是高校还是企业，大多采用"内培外引"的方式进行人才培养，这样不仅可以为企业输入新鲜血液，而且可以避免"近亲繁殖"。

所谓有效的休闲馆员管理机制，就是要合理配置图书馆的人力资源，建立人岗匹配、人事相宜的管理体系，并且能使馆员最大限度地挖掘和发挥自己的潜能。具体而言，应从以下两个方面入手：一是必须倡导和建立适合图书馆休闲功能开发并能为员工认可和接受的价值体系，从而培育出创新型休闲人才；二是运用恰当的管理方法合理配置使用和激励休闲馆员。

（4）打破现有人力资源配置模式，再造人力资源组织结构。

当休闲功能成为图书馆吸引读者的重要功能之一时，图书馆有必要成立专门的休闲阅读推广部门，专人专岗专用，全面深入地进行休闲活动开发。目前高校图书馆大多设有办公室、阅览部、流通部、采访部门、编目部门、技术部门、咨询部门等，也有部分图书馆将流通、阅览等部门合并为读者服务部。休闲活动的方案设计、实施等主要由与读者服务相关的部门完成，在需要推广的时候临时成立工作小组，推广完成后又回归各自的岗位，人员不固定，休闲功能开发也不深入。改变这一现状的有效方式是打破目前的部门架构，成立新的休闲阅读推广部门，专人专岗专用。部门需要配备主任一人，负责统筹全年的休闲功能开发系列措施；配备副主任两人，一人负责物理空间的休闲化改造，一人负责虚拟空间的休闲化打造；同时配备若干休闲专岗馆员，具体实施休闲开发方案。通过整个团队的共同努力，让"休闲"这一主题成为图书馆常态化的开馆目标之一，吸引更多的读者走进图书馆，了解图书馆，从而更充分地利用图书馆资源进行休闲阅读或服务于自身的教学与科研工作。

（5）适时引进专业人才，完善人才结构。

休闲类专业人才是图书馆人力资源的一部分，但是又不同于一般的馆员，他们是掌握了休闲学理论知识，具有强烈创新意识，能够取得一般馆员难以达到的劳动成果的人才。从图书馆休闲功能的发展趋势来看，引进具有休闲学专业知识的人才将成为必然选择，而人才引进机制的建立，能使图书馆休闲类人才聚集，从而促进图书馆休闲功能开发的快速发展。具体而言，应从以下四个方面入手：首先，图书馆领导层要树立正确的人才理念，要认识到休闲类人才对图书馆发展的重要性，有针对性地吸引和招揽这类人才。其次，图书馆要采用多种人才引进方式，目前高校图书馆大多是通过学校人事部门网页进行招聘，渠道单一，导致受聘人员的素质不高，专业性不强，而图书馆真正需要的人才不一定能够看到招聘信息。图书馆不仅可以通过人事部门挂网招聘，而且可以通过微信、微博等新媒体扩大招聘通知的受众面，广泛传播。再次，图书馆要重视内部人员的选拔，建立一套具有明确标准的选拔体系，对于适合从事休闲功能开发的馆员及时调配至适合的岗位，并适当奖励。最后，完善人才队伍之后，还应从培训、薪酬、考核、奖励、晋升等方面制定一系列的激励制度并有效实施，增强馆员的主观能动性并提高馆员的工作积极性，从而推动图书馆休闲功能的高质量发展。

（6）完善馆员休闲教育、培训体系。

休闲功能是有别于图书馆传统功能的新功能，馆员必须具备匹配的技能与知识才能为读者提供更好的休闲服务，因此针对馆员的不同层次，应建立一套完善的继续教育与培训制度，对馆员进行休闲教育与培训，提升服务水平。继续教育与培训方案具体从培训目标、培训内容、培训方式、结果评估、结果反馈和制度改进等六个方面进行设计。培训的核心目标是通过培训让馆员掌握实现休闲功能应具备的专业技能与知识，同时提高馆员的组织归属感，增强图书馆的凝聚力。培训内容应围绕这一目标来设计，包括普适性培训与专项培训。普适性培训是指面向全体从事休闲服务的馆员所展开的培训，内容包括图书馆事业的发展现状、图书馆休闲功能的发展趋势、图书馆开发休闲服务的途径等，主要目的是引导馆员具备休闲服务的意识。专项培训是面向某一特定馆员群体而开展的，专业性强，易于提升某项专业知识和技能。如从事影音室管理的馆员，需要进行计算机培训、影音操作设备培训；从事休闲阅读推广的馆员，需要进行新媒体使用培训、写作能力培训、创新能力培训等。应考虑到馆员均为在职人员，培训可采用多样化的方式展开，包括讲座、研讨、观摩学习等，同时，还可以利用多媒体工具、网络视频课程等，确保馆员在适合的时间观看培训视频。培训后需要对培训效果进行评估，帮助改进培训方案。评估可从馆员对培训的认可度、馆员从培训中获得的知识和技能、馆员培训后在工作中的变化、馆员因培训为图书馆休闲功能开发带来的效益等四个方面开展。评估后，应根据评估结果，及时分析培训中存在的问题与不足，并做出相应的改进，逐步完善培训制度。

参考文献

[1] 教育部高等学校图书情报工作指导委员会. 2015年高校图书馆基本数据排行榜 [EB/OL]. [2017-04-13]. http://www.scal.edu.cn/tjpg/201612080800.

[2] 中华人民共和国教育部. 中国教育统计年鉴 [J]. 北京：人民教育出版社，2015.

[3] MOYER J E, WEECH T L. The education of public librarians to serve leisure readers in the United States, Canada and Europe [J]. New Library World，2005，106 (1)：55-61.

[4] PENNINGTON, TARA M. Third space creating a library environment that opens doors for collaboration, value and student achievement [D]. University of Central Missouri. Warrensburg, Missouri, USA, 2012.

[5] 于鸣镝. 教育职能是图书馆的核心职能 [J]. 图书馆界，1992 (1)：32-33.

[6] 何善祥. 图书馆教育职能论 [J]. 图书馆界，1993 (4)：1-13.

[7] 习万球. 论图书馆的人文教育功能 [J]. 图书馆论坛，2003 (6)：73-75.

[8] 陈暾. 试论高校图书馆的审美教育功能 [J]. 西南民族大学学报（人文社科版），2004 (3)：466-467.

[9] 乔红岩. 网络时代学校图书馆教育功能的拓展 [J]. 教学与管理，2009 (18)：24-25.

[10] 时冬梅. 高校图书馆的隐性教育功能及其实施载体探析 [J]. 山西师大学报（社会科学版），2010 (3)：158-160.

[11] 翟宁. 数字时代高校图书馆阅读教育功能探析 [J]. 出版广角, 2015 (9): 117-118.

[12] 周文军. 谈如何发挥高校图书馆的德育功能 [J]. 教育与职业, 2005 (21): 37-38.

[13] 李颖. 充分发挥高校图书馆对大学生德育教育的辅助功能 [J]. 现代情报, 2007 (3): 187-188.

[14] 谈红玲. 试论网络环境下高校图书馆的德育功能 [J]. 中国成人教育, 2007 (4): 83-84.

[15] 张凌云, 许一, 汤苏林. 创新时代高校图书馆教育功能研究 [J]. 中国地质大学学报 (社会科学版), 2013 (S1): 107-109.

[16] 王溢. 浅谈高校图书馆的管理 [J]. 青春岁月, 2013 (18): 235.

[17] 方正松. 21世纪大学图书馆新功能探析 [J]. 图书馆杂志, 2001 (8): 38-40.

[18] 张红利. 3G时代图书馆的发展和功能进化 [J]. 兰台世界, 2013 (32): 140-141.

[19] 王中海. MOOC为图书馆功能重构带来的挑战及应对策略 [J]. 图书馆工作与研究, 2015 (8): 77-83.

[20] 宁璐. RFID技术在高校图书馆应用中的功能体现 [J]. 图书情报工作, 2016 (S1): 192-194.

[21] 娄策群, 桂学文. 论图书馆的经济功能 [J]. 图书馆, 1997 (1): 16-18.

[22] 沈国弟. 基于复合图书馆的参考咨询服务功能定位 [J]. 情报资料工作, 2003 (4): 65-66.

[23] 黄力. 当代高校图书馆功能变迁解读 [J]. 中国市场, 2007 (52): 170-171.

[24] 刘春丽. 简论图书馆功能的转变 [J]. 新闻爱好者, 2009 (8): 66-67.

[25] 黄宗忠. 充分发挥图书馆功能 [J]. 图书馆论坛, 2011 (6): 14-22.

[26] 何广荣, 文显治. 浅议图书馆藏书建设发展的路向——兼谈旅游文献信息中心的设置 [J]. 图书馆界, 1987 (4): 88-120.

[27] 高爵一. 香港建立旅游图书馆[J]. 图书馆杂志, 1990 (1): 42.

[28] 黄恩祝, 吴德英. "休闲文化"与公共图书馆[J]. 图书馆工作与研究, 1996 (4): 29-30.

[29] 王世伟. 论图书馆旅游功能的发挥[J]. 图书馆杂志, 1995 (6): 32-34.

[30] 徐莉. 浅谈图书馆与旅游事业的关系[J]. 图书馆理论与实践, 2003 (4): 38-39.

[31] 詹秋红. 新时期公共图书馆休闲功能之我见[J]. 图书与情报, 1999 (3): 43-44.

[32] 李瑞仙. 基层图书馆的休闲阅读功能及其实现模式[J]. 图书馆建设, 2013 (1): 59-61.

[33] 余训培, 汪恒. 图书馆休闲: 可能性、障碍及其内容[J]. 图书馆, 2006 (5): 32-34, 38.

[34] 唐峰陵, 黄付艳. 对图书馆旅游休闲功能的思考[J]. 图书馆, 2010 (6): 92-94.

[35] 池嫒. 变革时期图书馆休闲职能的拓展与实现[J]. 图书馆工作与研究, 2010 (3): 92-94.

[36] 宋萍. 公共图书馆功能的拓展——文化休闲[J]. 图书馆理论与实践, 2006 (4): 90-91.

[37] 黄红卫. 图书馆与文化休闲[J]. 图书馆, 2008 (6): 35-37.

[38] 陈立. 知识普及的重要窗口文化休闲的多样选择——南京图书馆新馆会展工作综述[J]. 图书馆建设, 2008 (3): 6-8.

[39] 谭楚子. 后现代语境下的休闲文化与图书馆功能嬗变[J]. 图书与情报, 2008 (1): 34-39.

[40] 刘文慧. 图书馆应搭起公众休闲文化的良好平台[J]. 情报资料工作, 2004 (S1): 329.

[41] 李玉梅. 浅论公共图书馆休闲文化功能的发挥[J]. 图书馆工作与研究, 2007 (6): 19-21.

[42] 段圣奎, 张丽. 体验经济视角下图书馆旅游开发刍议[J]. 图书馆工作与研究, 2012 (4): 17-20.

[43] 李颖. 公共图书馆大众休闲类电子书服务效果实证研究 [J]. 图书馆杂志, 2015 (11): 24-28.

[44] 林丽红. 浅谈图书馆休闲阅读功能的界定与开发 [J]. 图书馆工作与研究, 2016 (1): 107-108, 115.

[45] 陈仰珊, 张惠梅. 休闲文化的产生与都市图书馆服务策略的调整 [J]. 图书馆杂志, 2002 (12): 44-46.

[46] 黄冠男. 图书馆休闲功能研究 [D]. 昆明: 云南大学, 2016.

[47] 李玉华, 刘凤存. 论图书馆休闲教育功能及其体系构建 [J]. 中国成人教育, 2012 (18): 68-69.

[48] 董光浩, 董光荣. 图书馆休闲功能研究 [J]. 图书情报工作, 2004 (10): 60-63, 111.

[49] 刘懿. 休闲伦理视野中的图书馆休闲教育 [J]. 情报理论与实践, 2008 (4): 580-581.

[50] 史丽芳, 毛勇. 图书馆在文化旅游中的作用及对策 [J]. 商场现代化, 2007 (14): 213-214.

[51] 梁柏静. 休闲教育与图书馆文化休闲功能 [J]. 图书馆工作与研究, 2005 (1): 21-23.

[52] 梁柏静. 论图书馆对弱势群体的休闲教育功能 [J]. 图书馆论坛, 2006 (5): 12-14, 33.

[53] 石晓琴. 公共图书馆与社会休闲资源的合理配置 [J]. 图书馆工作与研究, 1997 (3): 8-10.

[54] 曾永忠. 城市社区图书馆运动休闲信息服务探讨 [J]. 图书馆, 2016 (3): 109-111.

[55] 郑红京. 区域文化发展背景下的图书馆旅游信息资源数字化管理与优化研究 [J]. 图书馆, 2015 (8): 90-93.

[56] 尹美菊. 旅游地区图书馆特色馆藏数字化建设研究 [J]. 图书馆, 2008 (1): 104-106.

[57] 尹美菊. 旅游地区图书馆特色馆藏建设研究综述 [J]. 图书馆, 2009 (5): 67-69.

[58] 任剑涛. 包容让社会更和谐 [EB/OL]. [2011-11-11]. http://

news. ifeng. com/history/special/69shengzhan/detail _ 2010 _ 06/11/1612947 _ 0. shtml.

[59] 刘懿. 服务范式转变：基于公共空间的图书馆休闲价值的实现 [J]. 图书馆建设，2012 (9)：5-7，10.

[60] 李诗琪. 合肥地区大中型公共图书馆第三空间的研究 [D]. 合肥：合肥大学，2016.

[61] 贾佳. 图书馆作为第三空间的社会价值研究 [D]. 武汉：华中师范大学，2013.

[62] 黄卫东. 图书馆开发旅游信息资源的策略分析 [J]. 图书情报知识，2001 (1)：28-30.

[63] 黄坚，段连秀，黄勇. 图书馆旅游信息开发初探 [J]. 图书馆论坛，2002 (3)：111-113.

[64] 孟娅萍，郑海保，温晓红，等. 图书馆开展文化旅游信息服务的实践与探索——以我馆开展晋商文化旅游信息服务为例 [J]. 图书情报工作，2008 (S2)：48-50，20.

[65] 黄雁湘. 地方公共图书馆开发利用旅游信息资源初探 [J]. 图书馆论坛，2009 (2)：115-117.

[66] 杨小凤. 图书馆地方旅游文献信息资源的现状调查与分析 [J]. 图书馆工作与研究，2012 (1)：69-71.

[67] 杨勤. 图书馆开展旅游文化服务初探 [J]. 图书馆建设，1994 (4)：65.

[68] 王世伟. 论上海图书馆旅游功能开发的背景与构想 [J]. 图书馆杂志，1997 (5)：33-34，49.

[69] 潘拥军. 刍议城市公共图书馆的文化休闲功能 [J]. 图书馆论坛，2007 (3)：16-18.

[70] 郑良光. 争取社会合作，发挥图书馆文化休闲功能——以汕头市图书馆茶文化阅览室建设为例 [J]. 图书馆论坛，2011 (4)：149-151.

[71] 唐晶，辛璐，马新蕾. 图书馆与博物馆公共休闲服务合作初探 [J]. 图书与情报，2012 (4)：48-51.

[72] 石丹妹. 我国图书馆休闲茶吧建设研究 [J]. 福建茶叶，2016 (11)：

225－226.

[73] 史荣. 浅析图书馆建立茶文化阅览室的文化休闲功能与意义 [J]. 福建茶叶, 2016 (6): 221－222.

[74] 周立飞. 公共图书馆开展旅游信息服务的内容与方法 [J]. 图书情报知识, 2001 (2): 40－41.

[75] 宋玉真, 陈福季, 徐砚亮. 旅游与图书馆 [J]. 图书馆建设, 2003 (3): 92－93.

[76] 李小丽. 论图书馆服务湘西地区旅游 [J]. 图书馆, 2005 (5): 85－87.

[77] 卢震京. 图书馆学辞典 [M]. 北京: 商务印书馆, 1958.

[78] 黄宗忠. 图书馆学导论 [M]. 武汉: 武汉大学出版社, 1988.

[79] 中华人民共和国教育部. 普通高等学校图书馆规程 [EB/OL]. [2017－08－15]. http://www.moe.gov.cn/srcsite/A08/moe_736/s3886/201601/t20160120_228487.html.

[80] 吴慰慈. 图书馆学概论 [M]. 北京: 国家图书馆出版社, 2008.

[81] 黄宗忠. 充分发挥图书馆功能 [J]. 图书馆论坛, 2011 (6): 14－22.